Oscar nuovi misteri

Igor Sibaldi

I MAESTRI INVISIBILI

Come incontrare gli Spiriti guida

OSCAR MONDADORI

I edizione Ingrandimenti settembre 1997
I edizione Oscar nuovi misteri maggio 1999

ISBN 978-88-04-63291-7

Questo volume è stato stampato
presso ELCOGRAF S.p.A.
Stabilimento - Cles (TN)
Stampato in Italia - Printed in Italy

Anno 2014 - Ristampa 19 20 21

I Maestri invisibili

Introduzione

Tra le molte vite e coscienze incorporee con le quali possiamo comunicare, gli Spiriti guida sono i più vicini, i più simili a noi. Riescono a usare il nostro linguaggio, riescono a percepire ciò che noi percepiamo; hanno sentimenti simili ai nostri, hanno anche speranze e sogni come noi ne abbiamo. Sono più vicini a noi che a qualsiasi altra categoria di esseri viventi, visibili o invisibili; perciò comunicano volentieri con noi.

Sono chiamati *Spiriti guida* o *Spiriti maestri*, perché non possono far altro che insegnare: il loro territorio è molto più ampio di quello che noi abitiamo di solito, conoscono molto di noi, e ogni loro conversazione con noi diventa dunque inevitabilmente un insegnamento. Loro ne sono consapevoli e prendono questa cosa molto sul serio: sono precisi, pazienti, si fermano quando non capisci qualcosa e ti aiutano a sciogliere le resistenze interiori – paure o altro – che ti impediscono di capire quel qualcosa.

Fanno così per diverse ragioni.

Se gli si domanda perché lo fanno, le prime volte rispondono solitamente che è per affetto, perché tengono a te e sono contenti di regalarti quello che hanno. Il che è vero (gli Spiriti guida sono molto affettuosi), ma non è tutto; delle altre ragioni ti parlano in un secondo tempo, quando hai già cominciato a imparare.

Una ragione molto importante è che capire, parlando con

loro, serve a non perdersi. Le conversazioni con gli Spiriti guida, le risposte alle tue domande – qualunque cosa tu domandi – ti conducono passo passo verso confini di cui nessuno ti aveva parlato mai, e oltre quei confini. E ciò che capisci diventa un po' il tuo filo d'Arianna, che ti congiunge al luogo da cui sei partito e che ti permette di ritornarvi rapidamente, alla fine di ciascuna conversazione.

Un'altra ragione importante riguarda uno dei loro sogni, a cui accennavo, il più bello, a quel che ne so: la speranza che venga il tempo in cui noi e loro impariamo a vivere insieme, e il confine tra ciò che chiamiamo *Aldiqua* e *Aldilà* scompaia per tutti. E dato che il tempo in cui gli Spiriti vivono non ha distanze, si ha spesso la netta sensazione, parlando con loro, di come sarà allora, come se fosse già adesso. Per loro è già adesso, soltanto per noi è un «sarà»: e quanto più riusciamo a imparare da loro, tanto più quel sogno si avvera. Ma è una lunga strada.

*

Queste cose, in un modo o nell'altro, le sanno o le sentono tutti coloro che conversano con i loro Spiriti guida. E non sono pochi, incontrarli non è difficile, solo che capita di rado che qualcuno ne parli, perché la maggior parte della gente non è disposta a crederci, e parlarne con chi non ci crede diventa subito una specie di duello: «Su, prova a convincermi se ci riesci» – un banale duello intellettuale, spiacevole e del tutto inutile.

È inutile soprattutto perché crederci o non crederci non ha alcuna importanza. È un falso problema, che non riguarda l'esistenza di questi esseri invisibili, ma solamente *i nomi* che si usano per indicarli. Chi ci crede, li chiama appunto Spiriti guida, o anche Angeli, o Madonne (i cattolici), o addirittura Dio o Dèi; mentre chi non ci crede li chiama «ossessioni», «ombre», «sentire le voci», ecc. Credere o non credere negli Spiriti guida *significa soltanto approvare o non approvare alcuni di que-*

sti nomi – mentre il fenomeno che quei nomi indicano rimane il medesimo, che ci si «creda» oppure no.

Dunque crederci o non crederci è soltanto un bisticcio di parole, un equivoco.

E tanto più lo è, in quanto i nomi che noi diamo ai fenomeni spirituali non servono mai a gran che, se non eventualmente a dimenticare quanto poco sappiamo di quei fenomeni.

Lo scopo dei nomi che noi diamo alle cose, infatti, è sempre e soltanto di *circoscrivere, di chiudere, di controllare* le cose che designano. Ma in nessun modo si può circoscrivere uno Spirito, un essere cioè che non siamo in grado di vedere né di misurare in alcun modo, e di cui sappiamo soltanto ciò che lui ci racconta di sé.

C'è, a questo proposito, un passo del Vangelo di Giovanni, che chiarisce bene la questione: è quando Gesù dice:

> La brezza soffia dove vuole, e tu ne senti la voce e non sai da dove viene e dove va.
>
> [*Giovanni* 3, 8]

«Brezza» in latino si dice *spiritus*, in greco *pneuma* e in ebraico *r'uah*: queste parole, nelle tre lingue, sono le stesse usate per indicare lo Spirito e gli Spiriti in genere. Ascoltare la voce di uno Spirito – dice dunque Gesù qui – è proprio come ascoltare la voce di un improvviso soffio di brezza: e dare un nome alla voce di uno Spirito è come voler sapere «da dove viene e dove va» quel soffio. Inseguire un po' d'aria per incollarvi un nome: a che serve? Non aggiunge nulla a ciò che ne puoi *sentire*. Ti distrae soltanto dall'ascoltarla. E con gli Spiriti ascoltare è tutto.

Dunque consiglierei al lettore di non credere affatto ai nomi degli esseri spirituali, quali che siano quei nomi, di non dar loro nessuna importanza. Dimenticàteli, sono ostacoli all'ascoltare e al conoscere, così come anche le fedi e le certezze lo sono, quando si basano soltanto sui nomi.

Ed è soltanto per litigare tra loro, che le fedi danno importanza ai nomi.

*

Dal canto mio, io non ho una fede. Ne ho molte: tutte quelle che conosco. Quanto più le conosco tanto più imparo a condividerle, e in nessuna di esse ho trovato preclusioni *reali* alle mie conversazioni con gli Spiriti. Al contrario: è stato proprio lo studio della teologia e dei testi sacri delle religioni che più amo, il cristianesimo e l'ebraismo, a spingermi in queste mie ricerche. Ci si intende ottimamente con gli Spiriti, su questi argomenti, dalla forma dell'anima umana fino alle sorti e alla natura di ciò che chiamiamo Dio. Ma sono nomi, anche questi: soltanto nomi, porte aperte, modi per affacciarsi all'Aldilà. A me piacevano molto queste porte, religiose e mitologiche, ma non cambia nulla se invece di queste uno preferisce, nelle sue conversazioni con gli Spiriti, porte più pratiche (come potrebbe essere la semplice voglia di conoscere il futuro o il passato), porte più sentimentali (come potrebbe essere il desiderio di ritrovare nell'Aldilà una persona cara), o scientifiche o altro: non appena si arriva ad affacciarvisi, qualunque porta rimane indietro, in ogni caso, anche la più semplice di tutte, la porta del nostro io, e comincia qualcosa di completamente nuovo.

Dell'affacciarvisi parlo in questo libro. Nella prima parte, descrivo come ci si può arrivare, in particolar modo quando sulle porte – quali che siano – sembra esserci qualche ostacolo. Poi, nella seconda parte, lascio che siano gli esseri invisibili ad aggiungere, a precisare e a raccontare quel che a loro sembra più utile e interessante per i lettori.

PARTE PRIMA

Il lettore che si interessi maggiormente agli aspetti concreti della conversazione con gli Spiriti, o che già se ne intenda di suo, può tranquillamente saltare la Prima parte, che è per lo più teorica, ed entrare subito nella Seconda, dove si troverà ben presto a suo agio, da sé.

Prima spiegazione

In seguito Gesù si manifestò ancora ai discepoli, e avvenne sul lago di Tiberiade. E avvenne così: c'erano, quella volta, Pietro, Tommaso detto il Gemello, Natanaele di Cana di Galilea, i figli di Zebedia e altri due discepoli. Disse Simon Pietro: «Io vado a pescare». «Veniamo anche noi con te» dissero gli altri. E uscirono, e salirono sulla barca; ma non presero niente, in quella notte.

Quando era già l'alba, c'era Gesù sulla riva, ma i discepoli non si erano accorti che era Gesù. Gesù disse loro: «Ragazzi, da mangiare non avete niente?». Gli risposero: «No». Allora disse: «Gettate la rete a destra della barca, e troverete». La gettarono, e non riuscivano più a tirarla a bordo, per la gran quantità di pesci.

Allora quel discepolo che Gesù amava disse a Pietro: «È il Signore, quello». E Simon Pietro, appena udì che era il Signore, si cinse i fianchi, poiché era nudo, e si buttò in mare; gli altri invece vennero a riva con la barca, trascinando la rete.*

[*Giovanni* 21, 1-8]

1

Capita spesso che nei testi sacri e nei miti di migliaia di anni fa si trovino risposte precise a problemi di cui la scienza ha cominciato ad accorgersi soltanto oggi. E quanto più la scienza

* Tutte le traduzioni dei Vangeli sono dagli originali greci.

progredisce (in quest'ultimo secolo soprattutto, all'incirca dalla scoperta del complesso di Edipo in poi), tanto più quegli antichi testi le sono e le saranno utili; e non per via di una loro prodigiosità misteriosa, ma perché, semplicemente, *noi scopriamo sempre le risposte prima di scoprire le domande.* E a formulare le domande arriviamo sempre pian piano, e con fatica, in un mondo che sia intorno a noi sia dentro di noi è stracolmo di risposte di ogni genere.

Così è anche per questo brano del Vangelo di Giovanni, che rispecchia in maniera sorprendente alcune delle scoperte più recenti della neurologia, e in particolare le risposte che la scienza comincia a trovare a quei fenomeni extrasensoriali che riguardano la nostra possibilità di comunicare con ciò che qui chiamiamo le voci degli Spiriti.

2

Le voci degli Spiriti sono quei tenui segnali che la nostra attenzione riesce a captare al limite estremo delle nostre percezioni interiori; e vengono da oltre quel limite: sono l'inizio di ciò che chiamiamo comunemente Aldilà.

Tutti li captano spesso, ma molti non se ne accorgono, perché noi ci accorgiamo di percepire soltanto ciò che *ricordiamo* di aver percepito*: noi percepiamo con la nostra memoria* – e ricordare i tenui segnali di quelle voci è pressoché impossibile, perché quelle voci esistono soltanto nel presente. I loro segnali arrivano e subito scompaiono: e perciò la nostra memoria non è in grado di accoglierli – perché la nostra memoria non vede nulla che non sia diventato passato. È proprio come succede ai discepoli sulla riva del lago: vedono Gesù «ma non si accorgono che è Gesù». Percepiscono uno Spirito, ma al tempo stesso non lo percepiscono, perché tutto ciò che potrebbero percepirne è memoria (è Gesù, e Gesù è morto) e uno Spirito non è compatibile con ciò che per gli uomini è memoria.

Nel conversare con gli Spiriti, questa incompatibilità con la memoria è l'ostacolo principale, ed è anche la ragione per la quale molti ritengono che quelle voci siano soltanto un miraggio psichico.

L'unica via per superare questo ostacolo tra noi e le voci, è entrare in immediato contatto con esse, nel presente, in quel loro esclusivo presente. Ciò significa, per noi, fare a meno del dominio che la memoria esercita sulla nostra immagine della realtà: fare a meno del passato, uscire dal tempo così come solitamente lo conosciamo.

3

Il che non è difficile.

Il tempo come noi lo conosciamo di solito è infatti il prodotto di una serie di equilibri molto elastici, che secondo la moderna neurologia si formano tra l'emisfero destro e l'emisfero sinistro del nostro cervello. Come è stato scoperto una trentina di anni fa, questi due emisferi svolgono ciascuno funzioni ben distinte, ed è l'insieme delle funzioni svolte dai due emisferi a dare forma e significato alla nostra immagine della realtà.

L'*emisfero sinistro* è la sede delle nostre funzioni organizzative. Crea, elabora, ordina tutto ciò che in noi ha a che fare con i limiti: i limiti tra i concetti, i limiti delle nostre possibilità, i limiti spaziali e temporali. È da questo emisfero che dipende il nostro rapporto con la logica, le parole, il denaro, la legge, il tempo diviso in minuti, ore, giorni, anni ecc.

L'*emisfero destro* è la sede delle nostre funzioni creative e intuitive. Crea ed elabora tutto ciò che in noi avvertiamo come affinità e trasformazione. Dall'emisfero sinistro dipende l'intensità dei nostri rapporti affettivi con gli altri, del nostro senso estetico, del nostro desiderio di superare i limiti consueti delle nostre possibilità e delle tradizioni e delle convenienze ecc., e la nostra capacità di scorgere idee e significati nuovi e sorprendenti al di là delle apparenze.

La nostra immagine consueta della realtà, il mondo in generale così come lo vede la maggior parte di noi, è appunto il prodotto *di una coordinazione, di un compromesso percettivo* tra questi due emisferi:[1] ed è precisamente quel «mezzo del cammin di nostra vita», quella parte mediana della nostra doppia attività cerebrale, in cui noi ci ritroviamo per lo più, durante le nostre ore di veglia. Per allontanarci da questa parte mediana, è sufficiente che gli equilibri consueti tra i due emisferi si modifichino.

In particolare, per allontanarci dal *tempo* così come lo intendiamo e lo viviamo di solito, occorre che l'attività dell'emisfero destro diventi più intensa di quella dell'emisfero sinistro. Ed è ciò che avviene ogni volta che potenziamo le nostre capacità creative e intuitive. Quando ci dedichiamo a una qualsiasi arte (sia come artisti, sia anche come spettatori), o a uno sport; quando balliamo, o meditiamo, o quando siamo innamorati; quando preghiamo intensamente: in tutte queste situazioni – nelle quali l'emisfero destro predomina nettamente sul sinistro – avviene che il nostro tempo consueto cominci a *dissolversi*, appunto perché noi ce ne stiamo allontanando. Comincia con quel senso di stupore e fastidio che proviamo, in quelle situazioni, guardando a un tratto un orologio – «è già così tardi? possibile?» – e può proseguire, quel dissolversi, fino alla «selva oscura» di cui parla Dante, o a quell'infinito presente di cui parlano i mistici di ogni religione, nel quale nulla si può ricordare perché tutto è.

È in questa direzione che si incontrano anche le voci degli Spiriti; lì, nel nostro emisfero destro, dove il tempo si dirada e scompare, si apre l'Aldilà, che è sempre e soltanto l'Aldilà della nostra coscienza consueta.

4

«Gettate la rete a destra della barca, e troverete» dice Gesù agli apostoli tristi, sulla riva del lago. Ed è ciò che anche la scienza ha scoperto di recente nella dinamica delle percezioni extrasensoriali a coscienza desta.[2]

Secondo le statistiche, una spiccata «dominanza destra» è attestata nella maggior parte dei casi di chiaroveggenza, di precognizione, di medianità e via dicendo; e il fenomeno delle percezioni extrasensoriali viene generalmente spiegato, dal punto di vista neurologico, come un temporaneo spegnersi dell'emisfero sinistro e una temporanea iperattività dell'emisfero destro. È una spiegazione che vale anche per l'ascolto delle voci degli Spiriti e per la conversazione con essi – con una sola differenza, rispetto alle percezioni extrasensoriali più eclatanti, come appunto la chiaroveggenza, la medianità e via dicendo:

in queste ultime, l'emisfero sinistro si spegne davvero – i soggetti percettori hanno la dote, o conoscono la tecnica, di produrre questo netto rallentamento di una parte delle loro funzioni cerebrali – e ricomincia a funzionare soltanto quando la percezione extrasensoriale è cessata. La percezione diventa perciò uno spalancarsi della coscienza a sensazioni tanto intense quanto scoordinate: lampi di immagini e di intuizioni molteplici, i cui confini si fondono o si trasformano rapidamente – dato che l'emisfero sinistro, rallentato, non può intervenire per precisarli e ordinarli;

nella conversazione con gli Spiriti, invece, il processo della percezione è più laborioso. La percezione di quei tenui segnali comincia, anch'essa, con il rallentamento dell'attività dell'emisfero sinistro e con l'intensificazione dell'attività dell'emisfero destro: ma questo fenomeno dura fino che quei segnali non diventano chiari, continui, *dopodiché è l'emisfero destro a rallentare* e il sinistro si riattiva, senza che quei segnali diminuiscano di intensità.

I segnali diventano allora tanto più precisi e significativi, in quanto l'emisfero sinistro *partecipa* alla percezione, e coglie l'ordine, la logica di quei segnali, il che rende possibile una autentica comunicazione con essi. Poi, alla fine della conversazione, i due emisferi riportano i loro livelli di intensità al normale equilibrio, il tempo riprende il suo corso, e la memoria torna a chiudersi all'Aldilà.

La conversazione con gli Spiriti, il trasformarsi di quei segnali in parole, frasi, in vere e proprie voci *è dunque quel tipo di percezione extrasensoriale nella quale partecipano entrambi i nostri emisferi cerebrali, ovvero l'insieme di tutte le facoltà della nostra coscienza.* L'emisfero destro non ha, qui, il predominio assoluto: ha soltanto il compito di aprire, e di tener aperto un varco verso l'Aldilà della coscienza. Diventa la porta attraverso la quale l'emisfero sinistro si affaccia e trova parole e significati precisi al di là del nostro mondo.

5

Ed è proprio come in quel passo del Vangelo di Giovanni. I due protagonisti di quell'episodio, Simon Pietro e «il discepolo che Gesù amava», così come li descrivono tutti i Vangeli, somigliano molto ai nostri due emisferi cerebrali.

Pietro – così come lo descrivono tutti i Vangeli – appare davvero una sorta di incarnazione dell'emisfero sinistro: è concreto, tradizionalista, prudente, è il capo, l'organizzatore del gruppo dei discepoli di Gesù, ed è limitato: non capisce, non capisce mai ciò che Gesù insegna in forma sempre metaforica, intuitiva, e che discorda talmente dalle convenzioni e dalle tradizioni religiose del tempo.

Mentre «il discepolo che Gesù amava», così come lo descrive il Vangelo di Giovanni, sembra a sua volta l'immagine dell'emisfero destro: è tutto quanto amore e intuizione, è il più intimamente vicino a Gesù (è il discepolo che durante l'ultima cena tiene il capo posato sul petto di Gesù) ma parla pochissimo; ed è talmente lontano dalla dimensione del limite e delle convenzioni, che non ha neppure un nome – non viene mai chiamato per nome nel Vangelo. E viene spesso accostato a Pietro, proprio per sottolineare il contrasto tra i due; e Pietro più volte gli chiede aiuto, o ne è guidato, quando si tratta di comprendere Gesù.

Così anche in questo episodio. Sulla barca, il «discepolo che Gesù amava» desta e guida l'attenzione di Pietro: *apre un varco* alla capacità di Pietro di vedere e di capire:

> ... disse a Pietro: «È il Signore, quello».

E subito Pietro si butta in acqua, per nuotare verso Gesù, *lasciando indietro* «il discepolo che Gesù amava» e gli altri discepoli, intenti a trascinare la rete.[3]

Precisamente così avviene in ciascuno di noi, tra i nostri due emisferi cerebrali, tutte le volte che riusciamo a conversare con gli Spiriti.

E così avverrà anche in questo libro.

Seguito del precedente

Fu detto a Elia: «Esci e fermati sul monte alla presenza del Signore». Ed ecco, il Signore passò. Ci fu un vento impetuoso e forte da spaccare i monti e le rocce davanti al Signore, ma il Signore non era nel vento.

Dopo il vento ci fu un terremoto, ma il Signore non era nel terremoto.

Dopo il terremoto ci fu un fuoco, ma il Signore non era nel fuoco.

Dopo il fuoco ci fu il mormorio di una brezza leggera. Come la udì, Elia si coprì il volto con il mantello, uscì e si fermò all'ingresso della caverna. Ed ecco, sentì la voce che gli diceva: «Che fai qui, Elia?»

[*I Re* 19, 11-13]

1

Né la capacità di allontanarsi dal «mezzo del cammino» né quella di manovrare l'attività del proprio emisfero destro richiedono doti particolari. La conversazione con gli Spiriti è un'arte sacra, praticata da tutti i profeti, ma sia da molti profeti sia dalla maggior parte degli odierni ricercatori è considerata un'attività del tutto naturale. E come avviene per ogni nostra attività naturale, ognuno di noi potrebbe svolgerla tranquillamente e piacevolmente, se non incontrasse in se stesso particolari resistenze.

Nel conversare con gli Spiriti, queste resistenze sono di due tipi.

Un primo tipo è di carattere ideologico. Per la maggior parte delle persone la capacità di allontanarsi dall'equilibrio psichico consueto, e di compiere scoperte più in là, viene infatti a coincidere con la capacità di allontanarsi dalle proprie convinzioni, dalla propria fede (o dalla propria non-fede), dal buon senso, e in genere da quella che solitamente queste persone chiamano, sempre con una punta d'ansia, la «normalità».[1] E molti non ne vogliono sapere, di allontanarsene, e considerano con ripugnanza persino l'idea di una simile possibilità. Queste resistenze ideologiche sono in genere piuttosto grossolane, e tanto caparbie, che soltanto uno shock – un trauma, un malore, uno svenimento – riescono ad attivare in costoro quella capacità che altri, meno legati alle proprie certezze, possono invece scoprire mediante semplici tecniche di rilassamento e di concentrazione, o addirittura per caso.[2]

La capacità di rallentare al momento giusto l'attività dell'emisfero destro coinvolge invece un secondo tipo di resistenze, più delicate e interessanti: le stesse resistenze che, nei loro diversi gradi, danno forma ai nostri sensi interiori.

2
I nostri sensi interiori

Durante le conversazioni con gli Spiriti, la trasformazione dei loro tenui segnali in parole e frasi avviene in modo tanto fluente, che si può facilmente avere l'impressione di *udirli* parlare nella nostra lingua. Ma è sempre e soltanto un'impressione: quei segnali, come dicevamo, vengono trasformati dal nostro emisfero sinistro, e di per sé non soltanto non somigliano alle parole della nostra lingua, ma non hanno neppure una precisa configurazione sonora, non sono *udibili,* né percepibili in nessuno dei modi in cui i nostri sensi percepiscono la realtà.

Quelle conversazioni avvengono dentro di noi, in fondo alla

nostra coscienza, nella quale non esistono, ovviamente, le condizioni fisiche che permettano alle vibrazioni di una qualsiasi energia di diventare un suono, o un'immagine, o una qualsiasi altra impressione sensoriale.

Dentro di noi, noi *conosciamo soltanto*.

L'unico nostro senso interiore, l'unica relazione che noi stabiliamo con i contenuti della nostra coscienza, è il conoscere – l'accorgersi di sapere. Ed è sempre un conoscere *totale e indifferenziato*. È un conoscere totale, perché in ogni nostra percezione interiore, persino nel più semplice dei nostri ricordi noi conosciamo ogni cosa, ci apriamo ed entriamo in tutto ciò che esiste; ed è un conoscere indifferenziato, più ampio di ogni nostra categoria sensoriale: non ha cioè forma né visiva, né uditiva, né forma di pensiero o intuizione o altro, ma è come se avesse tutte queste forme al contempo.

Questo nostro conoscere consueto ha davvero le stesse caratteristiche di ciò che i mistici chiamano rivelazione;[3] e proprio come i mistici, ciascuno reagisce alla totalità del suo conoscere con una maggiore o minore *resistenza*, con una maggiore o minore paura di tale totalità. *Queste resistenze corrispondono precisamente ai modi in cui ciascuno racconta a se stesso il proprio conoscere, descrivendolo in forme sensoriali* – esteriori: vista, udito ecc., o interiori: pensiero, intuizione ecc.

È proprio l'opposto, insomma, di quel che riteniamo abitualmente. Quando ci sembra di vedere o di udire qualcosa nella nostra immaginazione, o di pensare o intuire qualcosa, noi non stiamo scoprendo meglio il vero oggetto delle nostre percezioni interiori: stiamo soltanto descrivendo i timidi e rassicuranti limiti che poniamo, in noi, al nostro conoscere infinito. Il vantaggio che ci danno questi limiti e resistenze, è di poter differenziare il nostro conoscere (cioè di frammentarlo e di poter tentare di riordinarne i frammenti), e da questo vantaggio dipende la struttura del nostro sapere occidentale, da qualche secolo a questa parte: la suddivisione del sapere in scienze, discipline e così via. È un vantaggio sicuramente importantissimo; ma è anche un vantaggio apparente. Ognuno di noi sa bene che uno sguardo, un solo sguardo può comunicarci e insegnarci molto di più d'una dotta dissertazione; e la semplice presenza di un maestro (autentico, in carne ed ossa) comunica e insegna più d'un intero corso di laurea. È un paradosso antico: le scienze e la sapienza vanno in direzioni diverse tra loro. Poi magari ne parliamo.

*

Ciascuno dei termini sensoriali che usiamo nel descrivere a noi stessi il nostro conoscere interiore *corrisponde*, dicevo, a un diverso grado della nostra resistenza ad esso. Nell'episodio biblico citato all'inizio di questo capitolo, viene tracciata una vera e propria scala di queste corrispondenze: Elia, nell'episodio, vuol riuscire a percepire Dio, a salire cioè al grado più alto della conoscenza interiore; e in questo suo tentativo – che gli riesce – sale lungo diversi gradi di resistenza, uno dopo l'altro. Dapprima c'è lo sforzo di percepire Dio attraverso un crescendo di *emozioni*, di sentimenti allarmati (il vento burrascoso, il terremoto): ma «Dio non era lì»; poi c'è lo sforzo di *vederlo* (nel fuoco), ma Dio non è neanche lì; e Dio si rivela alla fine nella brezza – di nuovo – cioè nella più sottile delle percezioni *tattili*, e nella *voce* della brezza, cioè nell'estremo confine della nostra capacità di avvertire significati nelle più lievi e nelle più sottili delle nostre percezioni.

Questa splendida scala ascendente spiega che quanto più una nostra descrizione sensoriale del conoscere interiore ha carattere di *passività*, tanto minori sono le nostre resistenze al conoscere – e tanto più ampio è il varco che ci si apre al conoscere stesso.

L'udire è infatti un senso più passivo del vedere. Nel vedere esteriore noi possiamo dirigere lo sguardo, chiudere gli occhi perché non vogliamo vedere qualcosa o socchiuderli per vedere meglio; mentre non possiamo dirigere e regolare altrettanto il nostro udire. Così, anche nelle descrizioni delle nostre percezioni interiori: quando ci sembra di *vedere* qualcosa nella nostra mente, significa che la nostra coscienza è maggiormente intenta a modificare, togliere, aggiungere tratti a ciò che in quel momento si sta accorgendo di conoscere; mentre quando ci sembra di *udire* qualcosa dentro di noi, significa che gli interventi della coscienza, le sue resistenze al conoscere, sono molto minori.

Possiamo estendere questa scala, in base al suo criterio, e otterremmo quest'ordine decrescente di resistenze:

all'ultimo posto (cioè al più alto grado di resistenza) avremmo il *pensare*, che è il nostro senso interiore più attivo, più faticoso e più drammatico, sempre intento a se stesso più che al proprio oggetto, e dunque pressoché inutile alla conoscenza;

poi, a un grado di resistenza minore, avremmo il *credere*, che è un pensare un poco più passivo;

poi, a gradi di resistenza via via minori, a gradi sempre maggiori di passività, avremmo l'*intuire*, l'*immaginare*, le *impressioni emotive* e i *sentimenti*;

poi il *vedere* interiore;

l'*udire* interiore;

e ai primi posti, cioè al minor grado di resistenza al conoscere, si avrebbero probabilmente i termini riguardanti il *gusto*, l'*olfatto*, e la *sensibilità epidermica*: ovvero i sensi per noi più misteriosi, i sensi dell'amore, tanto immensi e sottili da rendere quasi impossibile un rapporto univoco, tra ciò che essi ci fanno percepire e il nostro modo di intendere, ordinare, differenziare i significati. Attraverso questi nostri sensi più passivi noi potremmo descrivere (se non fossero per noi così misteriosi, e se potessimo usarli nelle nostre descrizioni interiori come usiamo gli altri sensi) qualcosa di molto simile alla normale totalità del nostro conoscere interiore, che a noi fa tanta paura. Ma non possiamo usarli, solo alcuni mistici ci riescono, con immenso sforzo; e perciò, tra tutti i nostri sensi interiori, l'*udire* è da sempre ritenuto – almeno nelle nostre culture occidentali – il più utile tra i sensi che ci permettono di comunicare con gli esseri spirituali, che stanno di casa appunto in quella totalità e che solo in quella e di quella comunicano con noi.

3
I Maestri

Le resistenze al nostro conoscere interiore sono la chiave della cooperazione tra emisfero destro ed emisfero sinistro, nella comunicazione con gli Spiriti.

Il tempestivo «rallentamento» dell'attività dell'emisfero destro, come lo chiamavamo nello scorso capitolo, il suo trasformarsi in porta della percezione, è precisamente l'abbandono di ogni sua *resistenza* al conoscere: il suo passivo aprirsi alla percezione; mentre l'emisfero sinistro percepisce appunto in forma uditiva, cioè a quel massimo grado di passività, al quale la nostra mente riesca ancora a distinguere significati.

L'unica capacità, l'unica dote che veramente occorre per comunicare con gli Spiriti è dunque la semplicissima capacità di arrendersi – di rilassarsi, di abbandonare il *controllo attivo* sulle nostre percezioni interiori, la voglia di intervenire in esse.

Durante le conversazioni con gli Spiriti, la coscienza cede questo controllo a quei tenui segnali, alle voci che in essi prendono forma. E *perciò avvertiamo gli Spiriti come Spiriti guida, come Maestri*: proprio perché sono loro a controllare e a condurre la conversazione e non potrebbero esistere, non potrebbero prendere forma per noi, se non fossero loro a condurla: *perché soltanto quando abbiamo abbandonato il controllo attivo sulle nostre percezioni interiori, riusciamo a udire le loro voci.*

*

In quale misura sono reali questi Maestri? E in quale misura sono davvero Maestri?

Chi conversa abitualmente con i suoi Spiriti non ha dubbi su questo punto: sono Maestri reali e lo sono molto. Non solo spiegano ai loro interlocutori cose nuove e importanti, e non solo le spiegano chiaramente, ma producono nella vita quotidiana dei loro interlocutori gli stessi cambiamenti che produrrebbero i Maestri in carne e ossa: una maggiore fiducia in se stessi, l'aumento (o addirittura la scoperta) del coraggio intellettuale, e del coraggio dei propri desideri e sentimenti; il desiderio di compiere scelte importanti, di assumersi responsabilità nuove, di affrontare compiti che prima sarebbero apparsi impossibili; la capacità di attivare e far fruttare le proprie energie, sia mentali sia fisiche; un senso di pace interiore; la sensazione che comincino a risolversi uno dopo l'altro i nodi e i coni d'ombra che ci impediscono di comprendere noi stessi e gli altri. Sono cambiamenti ben precisi, di cui è impossibile non accorgersi.

*

Ma sono davvero Maestri reali? Esistono di per sé in quei loro segnali, *indipendentemente* dal processo di trasformazione dei ruoli e delle resistenze che si compie nei nostri due emisferi cerebrali?

Questa questione non ha alcuna rilevanza. Per chi conversa con gli Spiriti è sicuramente vantaggioso ritenere che quei Maestri esistano davvero, perché ciò facilita sia la comunicazione con gli Spiriti sia il prodursi di importanti cambiamenti interiori. Per chi considera il fenomeno dall'esterno, può essere invece più rassicurante pensare che quei Maestri siano soltanto una manifestazione dell'archetipo del Vecchio Sapiente o una compensazione di vecchi desideri insoddisfatti, o altro.[4]

Ma non cambia nulla credere nell'una o nell'altra cosa. Un Maestro è un Maestro; e noi incontriamo un Maestro soltanto quando siamo in grado di riconoscerlo come tale. Questo non perché un Maestro sia un individuo che se ne va in giro per il mondo insegnando solo a chi lo riconosce, ma per la ragione opposta: perché è l'allievo che crea sempre il proprio Maestro.

> Un Maestro, sia nell'Aldiqua sia nell'Aldilà, *non esiste mai di per sé, indipendentemente da chi ne ha bisogno*; solo l'allievo esiste di per sé. L'allievo, in ciascuno di noi, è propriamente quel grado di evoluzione interiore in cui una quantità di interrogativi, di dubbi, di «fame e sete di verità», come la

chiama il Vangelo, hanno cominciato a riempire tutto l'orizzonte. E il Maestro è, in realtà, soltanto la *funzione* del risolversi di quegli interrogativi e dubbi.

I Maestri (nell'Aldiqua come nell'Aldilà) sono semplicemente individui capaci di sentire la presenza di quegli interrogativi nel loro prossimo, e di assecondare, di catalizzare negli altri i processi attraverso i quali tale funzione può compiersi. È ciò che Socrate spiegava ai suoi allievi paragonando un Maestro a una «levatrice», che ha il compito di far nascere le risposte e la sapienza; è ciò che Gesù spiega ai discepoli quando dice che ciò che egli chiama «Io» è «la via, la verità, la vita» presenti in ciascuno di loro, e che compito dei discepoli è accorgersi che non occorre *domandare* più nulla al loro Maestro.[5]

Un Maestro, dunque, è *sempre e soltanto* un attivarsi dell'archetipo del Vecchio Sapiente; e una compensazione di desideri insoddisfatti; e un modo di ascoltare i segnali tenui e preziosi che ciascuno avverte dentro di sé. È sempre e comunque queste tre cose.

I Maestri invisibili di cui noi stiamo andando alla scoperta non fanno eccezione, e questo è ciò che li rende reali per coloro che, ritenendoli reali, imparano con maggiore facilità.

SECONDA SPIEGAZIONE

Quanto abbiamo visto fin qui è il modo più complicato di spiegare il fenomeno della conversazione con gli Spiriti: il sottrarsi alla memoria, le modificazioni degli equilibri tra i due emisferi cerebrali e l'abbandono del controllo alle voci sono tutte quante ipotesi scientifiche, e soffrono dunque di quegli impacci, di quella rigidezza che, secondo la nostra mente, sono indispensabili per formulare pensieri scientifici.

Molto più agile e suggestiva è invece la spiegazione che ne danno gli Spiriti stessi, i miei coautori.

*

La crescita laterale

Per molto tempo non ho domandato ai miei Spiriti come e perché avvengano queste percezioni – un po' perché non mi sembrava rispettoso domandarlo proprio a loro (è come se domandaste a un vostro amico: scusa, ma tu perché esisti, precisamente?) e un po' perché mi ero prefisso di scoprirlo da solo, o per lo meno di chiarire prima a me stesso quel che riuscivo a capirne, studiando la cosa dal punto di vista scientifico. Quando poi abbiamo cominciato, io e loro, a lavorare a questo libro, l'argomento naturalmente si è imposto da sé, e la risposta di uno dei miei Spiriti è stata:

> Come succede? Sono momenti. I momenti ci sono sempre. Sono momenti e periodi della crescita, quando si allargano i rami. Quando la crescita si amplia, e non cresce in alto ma si amplia, allora c'è la possibilità di sentire.

Quando danno spiegazioni, gli Spiriti sono di solito molto concisi, e questo mio Spirito lo è particolarmente. Ciò che dice qui, credo si possa interpretare nel seguente modo: la nostra crescita interiore procede in varie direzioni, come avviene per gli alberi, che crescono nelle radici, nel tronco, nei rami e nelle foglie contemporaneamente. Così anche noi cresciamo interiormente verso il basso, e al centro del nostro essere, e verso l'alto, e intorno, e in ciascuna delle cose che facciamo e pensiamo; e di tutte queste direzioni del nostro crescere, quella che rende operante la nostra facoltà di sentire gli Spiriti è la crescita laterale, l'allargarsi dei nostri «rami».

Il crescere verso l'alto è il voler giungere là dove altri ci possono vedere.

Il crescere verso il basso è la nostra ricerca di energie.

Il crescere del «tronco» è la fiducia nelle nostre forze e il compiacerci di esse.

Accorgersi degli Spiriti – secondo questo Spirito mio amico – diventa dunque possibile nei periodi o nei momenti in cui queste altre direzioni non sono le direzioni predominanti del nostro crescere, e predomina invece l'allargarsi dei rami: la nostra crescita interiore verso ciò che è *intorno* a noi, verso la realtà intera così come noi la possiamo percepire al livello di evoluzione interiore che abbiamo raggiunto in quel momento. Né più su né più giù. Semplicemente lì.

Così almeno lo intendo io; ma le parole degli Spiriti diventano di tutti, una volta che si è riusciti a formularle, e può darsi benissimo che voi riusciate a cogliere in questa nozione della crescita laterale aspetti diversi e più profondi di quelli che vi ho colto io. Secondo me, la crescita laterale è davvero quell'*essere dove si è, né più su né più giù*: essere se stessi nella percezione, senza volersi fingere diversi da come siamo, più in alto o più in basso di quel che siamo.

*

Questo implica, innanzitutto, che nessun grado della nostra crescita interiore è migliore di un altro. Ciò che permette di percepire il mondo invisibile (e la dimensione spirituale in genere) non è un livello superiore d'evoluzione, ma soltanto la scoperta, l'accettazione del nostro attuale orizzonte percettivo. Dove sei, sei, e va benissimo: da lì *cresci verso ciò che c'è intorno*, e hai tutto, intorno. Ciò corrisponde a quel che dicevamo sulla scoperta del presente infinito – del tempo in cui semplicemente si è – e somiglia molto a ciò che Gesù afferma riguardo ai bambini e al Regno di Dio.

> Lasciate che i bambini piccoli vengano a me e non ostacolateli, perché a chi è come loro appartiene il Regno di Dio. In verità vi dico: chi non accoglie il Regno di Dio come un bambino piccolo, non vi entrerà.
>
> [*Matteo* 10, 14]

I bambini sono appunto coloro che non sanno ancora essere diversi da ciò che sono, e il loro tempo è il presente. «Essere come i bambini», nel Vangelo, è *una tecnica di percezione*, ed è proprio quella che occorre.

In secondo luogo, la crescita laterale è, naturalmente, anche la nostra crescita interiore verso gli altri: verso le altre persone, verso gli altri esseri viventi, visibili o invisibili, verso tutto ciò che nei testi sacri si chiama di solito «il tuo prossimo». E «ama il prossimo tuo come te stesso» significa appunto: sii sullo stesso piano di chi hai intorno e apriti a chi hai intorno. È un'altra fondamentale condizione della percezione spirituale: l'attivarsi del *chakra* del cuore, come viene chiamato nella fisiologia orientale; il crescere mediante le energie più dolci e intense, quelle che definiamo amore. È un altro modo, migliore, per descrivere il dischiudersi delle soglie del nostro emisfero destro.[6]

*

La crescita laterale è dunque la più semplice tra le direzioni della nostra crescita interiore. Se ne può dedurre che tutti possano percepire l'invisibile, il mondo degli Spiriti? Certamente sì, tutti possono, e non tutti possono.

È sempre così, con queste cose semplici.

Quell'aspetto della nostra crescita c'è in tutti, tutti sentono gli altri intorno a sé, ma non in tutti quell'aspetto *prevale.*

Tutti possono ascoltare le persone che hanno intorno, sentire ciò che dicono e che vogliono dire?

Sì, tutti lo possono. Ma tutti ascoltano le persone che hanno intorno? Certamente no, molti non possono, perché non ci riescono più o perché non vogliono. Noi possiamo vivere per tutta la vita senza sentire gli altri, senza percepirli davvero e sentendo sempre e soltanto noi stessi, ciò che pensiamo o ci illudiamo di essere.

Così avviene anche tra noi e gli Spiriti. Possiamo vivere per decenni della nostra età adulta riuscendo a non udirli mai – a non ricordare di udirli – e possiamo accorgercene tutto a un tratto, perché all'improvviso ci accorgiamo di quella crescita laterale che in noi c'è sempre stata e c'è sempre.

A chi riesce ad accorgersene da sé e ad ascoltare da sé i propri Spiriti io ho ben poco da insegnare: questi fortunati ne sanno sicuramente più di me, perché a me non è accaduto. È agli altri che si rivolge questo libro, a quelli che non ci riescono e a cui la strada che porta ai confini della memoria – al *chakra* del cuore – è sempre sembrata lunghissima, con ponti interrotti qua e là. Questi ponti sì che li conosco; ho avuto molto tempo per studiarli, quando pensavo che fossero insuperabili per tanti, me compreso. Invece ci sono delle scorciatoie, che tutti possono praticare.

Equipaggiamenti

1
Le iniziazioni

Nel prossimo capitolo si parla di una di queste scorciatoie e poi la si percorre tutta, fin dall'altra parte. Secondo alcuni, prima di fare questo genere di cose occorrerebbe sempre un'iniziazione, cioè un rituale che orienti e protegga l'io fuori dal suo ambiente abituale; secondo altri non occorre alcun rituale preparatorio.

Io penso che non sia necessario alcun rituale preparatorio, *prima* del viaggio.

Le vere iniziazioni, e i veri maestri-iniziatori, si incontrano *durante* il viaggio: a ogni soglia, là, se ne incontra qualcuno; e ciascuno di noi incontra i *suoi* maestri invisibili, quelli di cui lui ha bisogno e che lo attendevano da sempre per orientarlo, appunto, e proteggerlo nel seguito del viaggio.

Questo succede, là, sia a chi ha avuto un'iniziazione rituale, sia a chi non è iniziato, *se quei maestri invisibili ritengono che sia giunto il momento di incontrarlo*; e viceversa, non succede né a chi ha avuto un'iniziazione rituale né a chi non è stato iniziato, se quei maestri nell'Aldilà pensano che non sia giunto ancora il momento. Il che non significa che le iniziazioni rituali che si possono ricevere prima del viaggio siano completamente inutili. Sono utili, innanzitutto, a chi le celebra: ai sacerdoti dei culti misterici o dei gruppi esoterici, agli sciamani, ai maghi che iniziano alla magia, e via dicendo. Per loro l'iniziazione ha un grande valore – di carattere sociale. È un'occasione per celebrare il proprio ruolo nella società e nel gruppo, e per rendere omaggio a ciò che la loro tradizione religiosa o culturale ha scoperto dell'Aldilà. E nell'iniziazione il novizio, il futuro viaggiatore, impara a sua volta a interpretare le sue esperienze di viaggio (se ne avrà) secondo i canoni di quella data tradizione, secondo i *nomi* che quella tradizione ha approvato e usa.

Così, nel corso di un'iniziazione di cultura cristiana il novizio imparerà che nei mondi spirituali si possono incontrare diavoli o Angeli, o riflessi della maestà divina; in un'iniziazione sciamanica imparerà i nomi e le caratteristiche degli esseri divini e degli spiriti animali in cui si potrà certamente imbattere, e via dicendo. E questa sapienza potrà tornare utile, al viaggiatore, nel raccontare *ai membri della sua comunità* ciò che sarà riuscito a percepire nell'invisibile – intendo dire, nel raccontarlo in modo che i membri della comunità non ne rimangano turbati o scandalizzati.

Questo è lo scopo principale delle iniziazioni rituali.

Oltre a ciò, le iniziazioni rituali danno in varia forma, al novizio, una serie di consigli e avvertimenti pratici, alcuni utili e altri del tutto insignificanti. Quelli utili sono sostanzialmente tre: *tre regole* che si ritrovano in tutte le iniziazioni d'ogni epoca e d'ogni luogo e che però – a differenza della maggior parte dei rituali iniziatici – non sono affatto segrete. Oltre che in quei rituali le si può infatti trovare espresse a chiare lettere nei testi sacri più famosi – nella Bibbia, nel Vangelo, nel Corano, nel *Bardo Todol* tibetano, in alcuni miti greci, nella storia del Graal – e per impararle è sufficiente leggerle.

Nella Bibbia quelle tre regole sono enunciate in modo particolarmente semplice, nel racconto del primo incontro tra Mosè e il Dio degli Ebrei, a Madian, al confine del deserto. Sicuramente vi ricordate come andò quella vicenda – il roveto ardente, il deserto intorno, la voce di Dio... – ma quelle tre regole di solito non le si ricorda, perché non ci si accorge che ci sono: capita sempre così, con le cose più semplici e più importanti, ed è così, è soltanto per questo, che diventano segrete senza esserlo affatto. Perciò ora ve le indico, in quel racconto.

2
Mosè

È proprio all'inizio della storia di Mosè, nel capitolo terzo del libro dell'*Esodo*.

Mosè era esule, in quel tempo; fino a poco prima era stato un principe in Egitto e adesso non lo era più e non aveva più nulla: in Egitto era ricercato per omicidio – aveva ucciso una guardia, per difendere uno schiavo ebreo – ed era fuggito ai confini del regno, nelle steppe di Madian, e lì faceva il pastore. C'è ragione di credere che anche Mosè stesse attraversando, in quel periodo, un intenso momento di «crescita laterale» – dopo un tale mutamento di condizioni, e tra genti straniere, di cui, dice la Bibbia, Mosè conosceva poco la lingua.[1] Si era anche sposato da poco, con una fanciulla madianita, ma neanche il matrimonio dovette rendergli più familiare il mondo delle steppe: giacché al figlio che gli nacque lì, Mosè dette nome *Gershom*, che significa «io sono solo in una terra straniera». È un uso dei personaggi biblici dare ai figli nomi in forma di versi poetici, che esprimessero ciò che di più importante aveva in cuore uno dei genitori: e in quel nome Mosè espresse il suo sgomento, il non avere più nulla se non il fatto di essere lì.

E questa è già la prima regola.

Un giorno, mentre pascolava le greggi del suocero al confine tra la steppa e il deserto, Mosè vide un cespuglio che bruciava in un modo strano. Si avvicinò per vedere meglio e sentì chiamare il suo nome. Disse: «Eccomi, che c'è?», continuando ad avvicinarsi, e: «*Non avvicinarti*», gli disse la sua Voce.

E questa è la seconda regola.

«Non avvicinarti. Togliti i sandali dai piedi, perché il luogo dove tu stai è terra sacra.» E mentre Mosè si toglie i sandali, la sua Voce gli dice

> «Io sono il Dio di tuo padre, il Dio di Abramo, il Dio di Isacco, il Dio di Giacobbe». Mosè allora si velò il volto, perché aveva paura a guardare verso Dio.

E in questo velarsi c'è la terza e ultima regola per stare dinanzi all'Aldilà.

3

Tutte e tre le regole sono qui in forma di enigma, e di risposte a enigmi.

Così è, di questo ha bisogno, nel racconto, il Dio che parla a Mosè, perché non è ancora un Dio a pieno titolo: lo era stato, un tempo, e vuole tornare a esserlo, ma non lo è lì. Lì, è un *Dio abbandonato,* da molti secoli dimenticato dal suo popolo e rimasto solo nei deserti, come sempre succede agli Dèi dimenticati. E questo Dio non sa se Mosè sia l'uomo che gli occorre: se questo nobile egiziano innamorato della nazione ebraica possa e voglia aiutarlo, e soprattutto se sia pronto a stare dinanzi a un Dio. Perciò gli pone enigmi, qui, come fanno spesso gli esseri dell'Aldilà, quando qualcosa li inquieta – e fa quel che si fa sempre negli enigmi: richiama l'attenzione di Mosè su alcune circostanze, e aspetta che Mosè risponda. E Mosè dà risposte giuste, con grande gioia ed emozione di Dio; e nel racconto, è nelle sue risposte che gli enigmi si trasformano uno dopo l'altro in regole per chi legge.

La prima regola

Il primo enigma è ciò che ha condotto Mosè fin lì: il non avere più nulla.

Questa è la prima condizione indispensabile: così si comincia.

Così si comincia sempre e così si ricomincia, ogni volta che si va incontro agli Spiriti, anche dopo anni che li si frequenta. Bisogna semplicemente *essere lì* e non avere altro in quel momento: «Lascia tutto e seguimi», dice Gesù nei Vangeli, «Lasciate ogni speranza o voi ch'entrate», scrive Dante. «Più non mi illudo di sapere ormai nulla di buono», dice il dottissimo Faust prima di incontrare Mefistofele.[2] È sempre così. Ma è un enigma, e tutto sta nel come intenderlo: cosa significa, davvero, non avere più nulla per poter essere dinanzi all'Aldilà?

Significa accorgersene, semplicemente. Le risposte giuste agli enigmi degli esseri spirituali – da quello della Sfinge fino agli indovinelli del Gollum di Tolkien[3] – sono sempre e soltanto le più semplici, le più immediate. Così, anche per non avere più nulla dinanzi all'Aldilà non occorre compiere l'immenso e complicatissimo sforzo di privarsi di tutto o di molte cose. *Non occorre mai compiere alcuno sforzo, lì:* bisogna sempre e soltanto accorgersi di qualcosa. In questo caso, bisogna accorgersi che quel *non avere più nulla* avviene di per sé. La prima cosa che sempre comincia ad avvenire quando ci si avvicina alla soglia dell'Aldilà è infatti un allontanarsi da ciò che si ha, un lasciare altrove tutto ciò che dentro di noi riguarda l'avere: gli scopi che si hanno, le opinioni, le preoccupazioni, i legami, le cose che si hanno, le attese. E davvero occorre soltanto lasciare che avvenga, accorgersene e non impedirlo, perché altrimenti l'accesso all'Aldilà si chiude e scompare.

È difficile lasciarlo avvenire?

No. Capita continuamente, a chi sente gli altri. Tutte le cose che noi abbiamo ci servono infatti per schermarci dagli altri, a cominciare dai nostri abiti e fino alle nostre certezze: sono la lunga periferia e i confini del nostro territorio personale, al centro del quale noi *siamo*. Per sentire gli altri e comunicare davvero con loro bisogna fare a meno di quei confini, bisogna essere, e non avere: e bisogna dunque togliere *da noi stessi* le cose. Più riesci a toglierne e più comunichi, come dice candidamente Iris Belhayes,[4] la maggiore esperta che io conosca in materia di Spiriti guida: se togli un po', comunichi un po'; se togli un po' di più, comunichi un po' di più, e così via. E rimani tu, alla fine, e allora *sei* davvero.

Così è anche per Mosè, ex principe, «solo in terra straniera» e pastore di greggi altrui. Il non aver più nulla l'ha condotto fino a quel confine tra le steppe dove può incontrare la Voce, *nel deserto.* E la sua Voce gli dice: «Togliti i sandali». Cioè: via anche quelli,

sii tu, accorgiti che sei semplicemente tu a poggiare in questo luogo, e non qualcosa che tu hai.

Allontana da te anche ciò che ti ha portato qui. E Mosè obbedisce, si toglie i sandali, si accorge, e lascia che avvenga il non avere più nulla. È la prima regola.

La seconda regola

«Non avvicinarti» è la seconda regola: la seconda cosa che deve avvenire, e che bisogna lasciar avvenire.

Di per sé, «non avvicinarti» significa: tu sei entrato. Stai parlando con un essere spirituale, hai varcato la soglia dell'Aldilà, e qui *non puoi più* avvicinarti:

non puoi più né avvicinarti né allontanarti da nulla, qui ogni passo è illusorio, perché non c'è più la distanza, qui.

Dunque fermati dove *sei*, in te stesso, lì c'è tutto. E Mosè di nuovo obbedisce, semplicemente fermandosi. È tutto lì. Lascia che avvenga.

E di nuovo è un enigma, e tutto sta nel come intenderlo. Quel «non avvicinarti», in realtà, è una formula di potere, il cui potere principale – per dirlo nel modo più esplicito – consiste nel *rendere trasparenti* tutte le cose che noi sappiamo: quelle che già sapevamo prima e quelle che impariamo via via.

È come per Alice, quando entra nello specchio per giungere nel Paese delle Meraviglie. Entrare nello specchio vuol dire varcare tutto ciò che sappiamo, dato che tutto ciò che noi sappiamo d'ogni cosa è soltanto un riflesso di noi, uno specchio del nostro modo di sapere e di capire.

Nell'Aldiqua, a ogni cosa noi possiamo avvicinarci infinitamente: nel desiderio di saperne sempre più, che è appunto un infinito avvicinarsi al suo più profondo segreto, a ciò che in essa è riflesso di noi, del nostro modo di sapere e di capire. Nell'Aldiqua quel riflesso è davvero un abisso senza fine, riflesso in uno specchio.

Nell'Aldilà invece – quando si parla con gli Spiriti – noi siamo oltre: non c'è più né bisogno né modo di avvicinarsi a nulla, perché in ogni cosa noi siamo già dall'altra parte, *dentro* quel nostro modo di sapere e di capire; e lì, dentro di noi, c'è tutto, e tutto diviene trasparente, come gli specchi visti da dietro. Gli altri, il futuro, il passato, gli oggetti, le idee astratte: in tutto, là, noi guardiamo da ciò che prima era quell'abisso, e che ora diventa semplicemente il luogo dove siamo, senza più nessuna distanza da nulla.

È difficile questo? È molto facile, ancor più che togliersi i sandali: è davvero sufficiente fermarsi, e lasciare che sia, proprio come fa qui Mosè. È la seconda regola.

La terza regola

La terza regola è la più importante di tutte, e la conoscete già, è la prima cosa di cui abbiamo parlato in questo libro.

«Io sono il Dio di tuo padre, di Abramo, di Isacco, di Giacobbe» dice la voce a Mosè; e questo significa: ecco, tu sei davanti a un mondo spirituale, un mondo più grande del tempo, diverso dal tempo che tu e tutti gli uomini conoscono. E detto questo, aspetta che Mosè risponda.

E Mosè si vela, per non *guardare.* E non guarda più, ascolta soltanto. Questo velarsi è la risposta all'enigma, e significa:

io sono un uomo e la mia possibilità di percepire è limitata, e io accetto questo limite, e non mi illudo di sapere, di vedere-udire-interpretare chiaramente; ma ascolto soltanto, lascio che arrivi a me ciò che deve arrivarmi e mi sforzo di capire cos'è, nonostante me stesso.

Il velo di Mosè è il nostro modo di percepire e di ricordare ciò che percepiamo. C'è in noi quel velo che non si può togliere, ricordate?, e che si può soltanto aggirare. Premi su questo velo con la tua voce, dice Mosè al Dio, e io cercherò di capire, se mi aiuti.

Così avviene sempre nei mondi spirituali, invisibili, più grandi del tempo e diversi dal tempo che gli uomini conoscono. Avviene di per sé, e di nuovo: bisogna semplicemente lasciarlo avvenire, accorgersene e non impedire che avvenga.

È la terza e ultima regola.

4

Dunque riepilogando: nessuna iniziazione e nessun maestro dà più di queste tre regole, e non occorre altro:

solo sapere che qui ci si allontana da tutto ciò che si ha, e che lo si ritroverà soltanto poi, al ritorno

e che qui, varcata la soglia, non vi è più bisogno di avvicinarsi a nulla, perché si è già al di là di ogni cosa, in tutte le cose che conosci

e che qui tutto ciò che giunge a noi è come una voce che preme sul velo delle nostre percezioni, che sono un velo

e ascoltare è davvero come per chi ascolta la voce della brezza e non la vede.

Sapendo questo, possiamo benissimo avviarci.

Le mappe

1

Ciò che occorre è una mappa, e una mappa lungo queste strade invisibili è sempre un racconto. Un racconto come quello che Circe dona a Ulisse, quando lo manda nell'*Hades* – cioè nell'«Invisibile» – a incontrare Tiresia:

> Ma quando avrai attraversato l'Oceano,
> ecco la costa bassa, e le selve di Persefone,
> ecco gli alti pioppi e i salici che perdono i frutti...
> Tu ti avvicinerai, o eroe, come ora ti ordino,
> e scaverai una fossa di un cubito in un senso e nell'altro...
>
> [*Odissea*, Libro X, vv. 505 e ss.]

Un racconto come quello in cui Dante, all'inizio della *Divina Commedia*, descrive il suo cammino verso l'Aldilà – verso le porte degli Inferi e verso Virgilio, che è il suo Spirito guida a tutti gli effetti –:

> Nel mezzo del cammin di nostra vita
> mi ritrovai per una selva oscura
> ché la diritta via era smarrita.
> Ah quanto a dir qual era è cosa dura
> esta selva selvaggia e aspra e forte...

La vedete, la mappa? La «nostra vita» è dove tutti siamo, qui e ora: è il comune territorio delle vie diritte della nostra mente, della nostra quotidiana razionalità; e proprio *nel mezzo* di essa, qui e ora, può cominciare a delinearsi tutt'altra dimensione, la «selva oscura», lungo la quale le vie delle parole quotidiane diventano tanto difficili e lottano per non smarrirsi.

Il racconto è innanzitutto, per quelli che lo ascoltano, la promessa che lì non ci si smarrirà: è il prodotto di quella lotta delle parole per non smarrirvisi, e spiega momento dopo momento come si fa a non smarrirsi lungo il percorso. Perciò è una mappa. In secondo luogo, la mappa in forma di racconto conduce fino all'ingresso e, momento dopo momento, diventa essa stessa l'ingresso. È dal racconto che si entra, semplicemente ascoltandolo e immaginandolo.

Momento dopo momento, notate bene: solo momento dopo momento, lungo una scala di «e poi» «e poi» «e poi» si può arrivare fino all'Aldilà. Perciò proprio la forma del racconto è l'unica mappa possibile: nei mondi invisibili non c'è altro modo di guidarsi l'un l'altro se non fabbricando ponti di parole tra i momenti, da un «e poi» all'altro – ponti in cui nessuna parola vale di per sé, ma ciascuna si regge su quella che precede e su quella che segue, quel tanto che basta per passarvi sopra, senza fermarsi su nessuna di esse.

È l'unico modo.

Ma di Ulisse e di Dante parliamo poi (sono importanti, le loro antiche mappe, benché ormai siano diventate inservibili all'atto pratico); prima, permettete che vi porti giù, con la mappa più facile e più efficace che conosco, e che da diversi anni uso sempre anch'io, per le mie discese. Richiede soltanto una mezz'ora libera e un posto comodo dove star seduti, da soli. Giù si conversa meglio. Ascoltate.

2

Andò così:

> Stavo seguendo a quel tempo un breve corso di meditazione occidentale, basato sulla visualizzazione, ovverosia sugli effetti – a volte davvero sorprendenti – prodotti dalle immagi-

ni che si creano nella coscienza durante stati di rilassamento o di leggera trance. Il corso consisteva in una ventina di esercizi di visualizzazione, il più importante dei quali era la cosiddetta «costruzione del laboratorio». L'istruttore del corso ci presentò questo esercizio spiegando che bisognava lasciar emergere alla mente una via, un cammino in discesa e seguire questo cammino, ovunque conducesse.

«In fondo a questo cammino c'è il laboratorio» disse l'istruttore «e una volta arrivati lì, bisogna diventarne i padroni.»

Perché ne dovessimo diventare i padroni e che cosa fosse precisamente questo laboratorio l'avremmo scoperto poi, laggiù sul posto, spiegò l'istruttore; per il momento, tutto quel che occorreva sapere era che la discesa sarebbe avvenuta in due fasi, con una sosta intermedia, e che durante la prima fase l'istruttore avrebbe contato lentamente da 21 a 1, a ritroso, e durante la seconda, dopo la sosta, avrebbe contato da 12 a 1 – per *dare il tempo* alla coscienza, che nelle visualizzazioni prolungate perde facilmente il senso del tempo. L'unica nostra preoccupazione cosciente, durante l'esercizio, doveva essere quella di ricordare bene tutte le immagini che avrebbero preso forma: «Ma non sarà difficile» precisò l'istruttore «perché in questo esercizio le immagini sono sempre nette, e restano».

Dopodiché abbassò le luci regolabili della stanza. Penombra. Partenza.

La partenza in quegli esercizi consiste sempre in un rilassamento, che si raggiunge chiudendo gli occhi e immaginando uno dopo l'altro i sette colori dell'iride: rosso, arancione, giallo, verde, azzurro, indaco, violetto.

Il rilassamento comincia già all'arancione, sottoforma d'un tepore e di una piacevole pesantezza in tutte le membra, che poi cresce via via fino alla sensazione (molto piacevole anch'essa, dopo un primo momento di perplessità) che ogni parte del corpo sia diventata estremamente pesante, più pesante di qualsiasi materiale esistente. Quanto più sembra grande quel peso, tanto più le membra sono morbide e abbandonate, mentre la mente diviene agile e lieve, e tanto più ci si avvicina al confine tra rilassamento e trance leggera.

Io mi concentrai sui colori e su questa pesantezza, e qualche istante dopo, mentre la voce dell'istruttore contava a ritroso – ventuno, venti... – cominciai ubbidientemente a scendere, a occhi chiusi, immagine dopo immagine, sforzandomi di ricordare i dettagli.

E le immagini prendevano forma, leggerissime dapprima.

Perché si precisassero era sufficiente guardare meglio, cioè immaginare di guardare meglio, come se si stesse guardando a occhi aperti, e convincersi di vedere ciò che pian piano si cominciava a vedere.

* * *

A proposito, questo tipo di rilassamento ha in genere l'effetto di rallentare sensibilmente tutte le attività censorie esercitate dalla coscienza, anche quando non si raggiunge lo stato di trance leggera. Non le sospende, le rallenta soltanto un pochino, quanto basta perché il fluire delle immagini sia più rapido di esse.

Così, la coscienza non riesce a decidere di volta in volta che cosa sia lecito prendere in considerazione e cosa no, e nemmeno quale sia il modo più logico di collegare le immagini l'una all'altra; tenta di farlo per un po', all'inizio, ma finisce ben presto per limitarsi a una specie di borbottio in sottofondo, del tipo: «Bah, che sciocchezze, che cose insensate, è soltanto immaginazione». Così le immagini possono fluire, libere, rapide, e il loro succedersi (questa è la cosa più curiosa nelle visualizzazioni) non è mai caotico, bensì mostra una sua logica narrativa, strana sì, ma precisa, che affascina immancabilmente l'attenzione, fino a far scomparire del tutto quel borbottare della coscienza in sottofondo.

* * *

Immaginavo dunque di scendere e di vedere. E vidi dapprima uno spiazzo di terra battuta.

E lì una fossa, che attirò la mia attenzione. Scesi in questa fossa, guardando giù.

Era rettangolare, ma non aveva niente di lugubre – non avevo mai visto seppellire nessuno, a quel tempo, perciò non mi venne in mente nessuna associazione di quel genere. Su una parete della fossa vidi dei pulsanti, molti, come nell'ascensore di un grattacielo. Premetti l'ultimo. «Se bisogna scendere» pensai «tanto vale scendere fino in fondo.» La fossa cominciò a scendere, allungandosi verso il basso, e il rettangolo di cielo sopra di me divenne sempre più piccolo, e rapidamente sparì.

I pulsanti si illuminavano debolmente, uno dopo l'altro, via via che scendevo, e io li vedevo più o meno così come li vedete voi adesso, mentre cercate di immaginare come li vedessi io; solo, io li vedevo un po' più intensamente, perché in quel momento non c'era nessuno che me lo stesse raccontando. Quando si illuminò l'ultimo pulsante vidi un'apertura sul fondo della fossa, e saltai giù.

Un lungo salto, più lungo di quello che avessi immaginato.

Atterrai malamente su un pendio sabbioso – in seguito, imparai a saltare in modo da arrivare in piedi. Salii lungo il pendio – mentre l'istruttore continuava a contare: tredici, dodici... – e il pendio conduceva a una roccia, molto grande, con un precipizio d'una ventina di metri dall'altra parte. E dalla roccia si vedeva una foresta dall'alto, le cime degli alberi di una foresta: come un mare verde.

* * *

Ed era Fontainebleau, dove a quel tempo non ero mai stato. Quando visitai la foresta di Fontainebleau, qualche mese dopo, e salii su una roccia chiamata *le Rocher du Cuvier*, rimasi piuttosto sorpreso nel dover ammettere di aver avuto un'esperienza di telestesia, durante quella mia visualizzazione. Dal *Rocher* si vede, e proprio dalla stessa altezza, quella stessa foresta fitta e scura che avevo visto e che vedo sempre nelle mie discese: la stessa distesa di alberi che continua fino all'orizzonte, gli stessi tronchi al confine della radura che circonda la roccia.

Piccole percezioni sorprendenti, di telestesia in particolare, capitano abbastanza spesso durante questo genere di esercizi, tanto che si impara presto a non farci più caso.

* * *

Su quella roccia, comunque, era molto bello; sentivo sul viso il vento leggero che muoveva le cime degli alberi. «È qui?» pensai, provando a immaginare un laboratorio scavato nella roccia. Ma non era lì: dalla roccia si scendeva più giù, lungo altre rocce, sulla destra, fino alla riva di un lago – che nella vera foresta di Fontainebleau non c'è.

Un piccolo lago tra le rocce, con alberi verde cupo sopra le rocce, a specchiarsi nell'acqua. Io scesi nel lago, e quando non toccai più il fondo mi accorsi che la voce dell'istruttore aveva già cominciato a contare da 12 a 1, ed era al dieci. Non mi ero accorto della sosta tra le due fasi, doveva essere stato mentre ero sulla roccia.

Nuotai, piano, e quasi subito sentii che i miei polsi si infilavano in due lacci di cuoio; e i lacci mi trascinarono giù, e il lago era molto profondo.

«Otto, sette...» la voce contava e io venivo trascinato giù sempre più rapidamente, come se non fossi stato nell'acqua ma nell'aria. E l'acqua, che dapprima era scura, stava diventando chiara e impalpabile come l'aria. Quando la voce dell'istruttore disse «due», vidi un pontile sommerso e all'«uno» i lacci si fermarono e scomparvero: posai i piedi sul pontile. Il pontile conduceva a una porta aperta, e quella era la porta del laboratorio.

3
Seconda parte. Nel laboratorio

Questo esercizio che vi sto raccontando potete farlo tranquillamente a casa vostra, senza bisogno di istruttori. Non è *necessario* farlo: leggerne il racconto è già sufficiente a far giungere fino alla dimensione degli Spiriti quelle sottili componenti della vostra attenzione che con gli Spiriti riescono a conversare. Ma è un bell'esercizio, è bello farlo e vedere davvero, da sé, la propria strada fin laggiù.

Nel farlo potete contare mentalmente, funziona anche così; o se proprio si vogliono fare le cose per bene, potete registrare prima la vostra voce che conta da 21 a 1 e da 12 a 1, e ascoltarla durante la discesa. Le immagini si formano di solito con grande facilità; naturalmente ciascuno troverà le sue: invece di una fossa potranno comparire un pozzo di petrolio o un ingresso di metropolitana con la scala mobile; invece di un paesaggio di foreste una città o la superficie di un altro pianeta; e invece di un lago una lunga duna di sabbia, o uno scivolo... Luoghi ignoti o noti, belli o brutti, non importa: quel che viene viene, e va sicuramente bene. Ciò che importa è soltanto che la discesa – dopo il rilassamento – duri almeno un minuto, con una pausa di una ventina di secondi tra la prima e la seconda fase. È il tempo necessario: abbastanza lungo per darvi modo di accorgervi di quel che state facendo e abbastanza breve per permettervi di ricordare la successione delle immagini senza che alla memoria costi troppa fatica.

Se poi, per una qualche ragione, non dovesse venirvi in mente proprio nulla, allora potete benissimo servirvi dei luoghi miei, che vi ho descritto. E chissà, non è escluso che ci incontriamo durante le discese. Succede a volte.

* * *

«Ci siamo?» chiese l'istruttore, dopo aver finito di contare da 12 a 1. «Non riaprite gli occhi. Dovreste avere davanti una porta, o comunque un ingresso: entrateci.»

Io percorsi il pontile, spinsi una porta di legno, antica, ed entrai.

«È l'ingresso di un luogo magico» continuò l'istruttore. «Lì è il luogo in cui confluiscono e si intrecciano tutte le possibilità, tutti gli inizi di tutti i nostri poteri, che sono molto più grandi di quel che sappiamo. Poteri sul nostro corpo, sulla nostra mente, sulla nostra volontà e sul mondo esterno a noi. Con la pratica imparerete, col tempo».

Be', come inizio non c'è male, pensai.

«Adesso il laboratorio è vuoto» continuava l'istruttore. «È una stanza, e va arredata. Metteteci tutto quello che ci vuole in un buon laboratorio segreto. Una scrivania, un computer, un telefono, poltrone, armadio, strumenti scientifici a piacere... E in più una porta sulla parete in fondo, e un ascensore sulla parete di destra. Troverete nel laboratorio due aiutanti, per aiutarvi a creare tutte queste cose e molte altre. Basta che li immaginiate e compariranno. Prima uno, e poi l'altro. E vi obbediranno sempre.»

Infatti, c'erano due aiutanti. Li immaginai in fondo al laboratorio, ai due angoli in fondo, e vennero avanti: un uomo e una donna, vagamente simili a due care persone che conoscevo da bambino.

«Vi diranno come si chiamano, ma non dite mai a nessuno i nomi dei vostri aiutanti» diceva l'istruttore. «Date ordini agli aiutanti. Per cominciare, ordinate loro di sistemare tutto l'arredamento. Poi ordinategli qualsiasi altra cosa, tutto quello che desiderate. Solo, non parlate mai in forma negativa, non usate mai il non. È l'unica parola che i vostri aiutanti non capiscono. All'inizio magari date ordini semplici, poi ne darete di più complicati, via via» continuava l'istruttore mentre gli allievi, me compreso, ordinavano e immaginavano di far apparire tutti gli arredi e gli strumenti, e i loro aiutanti li disponevano, come in una casa di bambole. «Potete, per esempio, chiedere ai vostri aiutanti di trovarvi un parcheggio per l'auto quando tornate a casa stanotte, e troverete il parcheggio esattamente nel posto che avrete indicato. Poi potrete ordinare di farvi smettere di fumare, o di rimanere immuni dai danni del fumo. Di farvi trovare un lavoro migliore. Di trovare il modo di trasferirvi in una città che vi piace...»

Io ascoltavo e intanto davo disposizioni architettoniche: nel laboratorio i miei aiutanti stavano portando a termine, con sorprendente rapidità, un bel soppalco di legno di ciliegio, e io intanto spiegavo che la porta d'ingresso andava spostata più in alto, in modo che si aprisse sul soppalco, mentre la parete sotto il soppalco doveva diventare una vetrata con vista sulla profondità verdeazzurra del lago. E gli aiutanti facevano «ok» con le dita, e provvedevano.

«La porta in fondo al laboratorio dà sul passato e sul futuro» proseguiva l'istruttore. «Domandate agli aiutanti, che vi spiegheranno come usarla per andare a curiosare in qualsiasi periodo vi interessi. Sulla destra c'è la porta dell'ascensore: un normalissimo ascensore, che serve a far venire nel laboratorio chiunque, dal passato, dal futuro e dal presente.»

«*Chiunque*?» pensai. E uno dei miei aiutanti confermò: «Chiunque, certo».

Quel *chiunque* mi piacque subito moltissimo, e subito comandai ai due aiutanti di sistemare nel laboratorio anche un frigorifero e una cristalliera piena di bicchieri, per gli ospiti.

«E per uscire dal laboratorio» continuava l'istruttore «è sufficiente contare da 1 a 12, visualizzare i colori dell'iride dal violetto al rosso e riaprire lentamente gli occhi. Adesso arredate con calma, avete tutto il tempo.»

4
La mia prima evocazione

Chiunque. Questa parola mi era sembrata la formula magica più importante nell'esercizio del laboratorio, la più promettente. All'onnipotenza degli aiutanti feci meno caso: il parcheggio lo trovai davvero, proprio sotto casa, ma era notte fonda ed era facile trovarne. Inoltre conoscevo già altri «metodi psichici» per la realizzazione di desideri, e sapevo che metodi del genere funzionano bene le prime due o tre volte che li si usa (e allora non sapevo ancora perché) ma poi è come se il loro congegno perdesse la carica, e non si riesce a ricaricarli più: anche nelle fiabe i geni in bottiglia o gli animali fatati si offrono solitamente di realizzare uno o tre desideri soltanto, e allora pensavo che questa fosse la regola, e che su questo argomento non ci fosse altro da sapere. Mi sbagliavo, naturalmente: ma allora pensavo così e perciò quell'aspetto non mi interessava più di tanto.

Il *chiunque*, invece, era emozionante. Poter veder apparire chiunque. Conversare con chiunque, abolendo i secoli. Immaginare di conversare, certo: sarebbe stata tutta e soltanto immaginazione; ma è pur vero che si immagina sempre, pensavo: in fondo, anche quando studi qualcosa, un testo, una qualunque questione che risalga a molto tempo fa, non è sempre un andare a caccia nel buio? E il capire non è sempre un immaginare di capire? Con quell'ascensore si sarebbe potuto immaginare più vividamente, spingendo l'immaginazione fin quasi al confine del sogno. «Magnifico!» pensavo.

E quella stessa notte, a casa, provai a *discendere* da solo, seduto nella mia stanza, con gli occhi chiusi – per fare i miei primi inviti. Sulla roccia mi fermai a pensare chi avrei potuto invitare per primo fra coloro che amavo di più: se un poeta del primo Novecento, Aleksàndr Blok, di cui allora sapevo centinaia di versi a memoria, o Tolstòj o Shakespeare o l'Evangelista Giovanni... Mi sentivo serissimo e ridicolo, a starmene lì a pensare questo, e né l'una né l'altra cosa mi disturbavano. Siamo sempre serissimi e ridicoli, pensavo: lì, lo si è soltanto in un modo diverso, alle soglie di una strana, dolce libertà interiore, sconfinata, in cui la nostra aria perennemente serissima e ridicola fa tenerezza a qualcuno, e noi cominciamo confusamente a capire quella tenerezza.

Giovanni: sì, decisi che l'Evangelista Giovanni era il più urgente, perché a lui avevo più cose da chiedere in quel momento (stavo terminando, allora, un libro sui miracoli nei Vangeli canonici). E scesi nel lago pensando alle domande da fargli.

Questo è l'ultimo tratto della mappa. È il più delicato; intendetelo bene:

Ma mentre scendevo nel lago sentivo che non era bene, ma non capivo perché.

Pensai che fosse paura dei fantasmi e mi sforzavo di vincerla; ma non c'era niente da vincere, non era paura, era un senso come di rammarico. Entrai nel laboratorio, scesi la scala del soppalco e mi sedetti su una delle poltrone, una poltrona arancione, stile Luigi qualcosa, pensando: «No».

«*Perché* no?» dicevo a me stesso, guardando la scala e i miei due aiutanti, che erano sul soppalco, appoggiati alla balaustra con le braccia conserte, uno accanto all'altro; e mi venne in mente: «tu».

Non è un nome, non ha nome, è un tu.

Un tu dovevo chiamare. Il problema giusto non era «Chi chiamare per primo?» ma: «Con chi devo parlare adesso? con chi posso, io, parlare adesso?». Ecco, così andava meglio. C'era da qualche parte un tu che in quel momento doveva e poteva parlare con me, e quel senso di rammarico, poco prima, era probabilmente il rammarico che avrei sempre provato, senza saperlo, se allora non avessi incontrato quel tu che mi aspettava, o che io aspettavo senza sapere chi fosse.

Dissi agli aiutanti di andare a cercare questo tu, ovunque fosse – «se esiste davvero, se non è soltanto una mia idea» precisai, quanto mai serio e ridicolo – e di condurlo da me, se voleva. Mi risposero che sarebbe arrivato tra poco con l'ascensore.

E nell'attesa pensavo: «Ma che cosa assurda» e al contempo: «Chi è, chi sarà? E da quanto tempo non ci vediamo più? Forse secoli davvero...».

«Quanti minuti ci vogliono?» domandai agli aiutanti.

«Oh, pochi secondi.»

E forse – continuavo a pensare – se proprio adesso mi sono iscritto a questo corso, non sarà perché dopo tanto tempo io *posso,* adesso, incontrare questo tu che non so chi sia, o che non ricordo. Forse è una specie di appuntamento, che io non...

Sentii che l'abitacolo dell'ascensore si fermava, dietro alla porta metallica, che in quel momento mi parve così incredibilmente normale e ovvia: una comunissima porta scorrevole del più normale degli ascensori contemporanei.

E mi accorsi che il cuore mi batteva forte. La porta dell'ascensore era immobile. E adesso? Mi voltai verso gli aiutanti, e uno di loro mi sussurrò: «Per aprire dovresti premere quel pulsantino lì a destra».

E io premetti il pulsante.

L'immaginazione e l'eccesso di razionalità

1
Sull'immaginazione

All'inizio si immagina sempre. Si immagina la discesa, si immaginano il laboratorio, l'ascensore: e anche quando si incomincia a *udire* ci si immagina ancora, per qualche istante – ma in quegli attimi il ruolo dell'immaginazione comincia a cambiare.

Fino a quando l'ascensore si apre, tutto ciò che l'immaginazione ha creato e sta creando laggiù è più o meno nitido, e tutti i prodotti della nostra visualizzazione *continuano a consolidarsi, quanto più ci si immagina di osservarli con attenzione*; dall'ascensore entra, invece, qualcos'altro che non è né visibile in alcun modo né trasparente. È solo il senso di una presenza, viva e autonoma, diversa dunque da tutto ciò che noi stiamo visualizzando lì intorno; e tale diversità si avverte subito: tutto il resto *si vede*, lì, solo quella presenza è un *non vedere più*, un'area in cui la nostra immaginazione visiva comincia a cercare invano, per qualche istante, come chi metta le mani avanti camminando nel buio.

Questo cercare dell'immaginazione *produce* a volte forme vagamente visibili – un volto, una figura – ma si tratta sempre di forme illusorie, e passeggere, perché gli Spiriti non hanno forma visibile.

Quelle forme, *all'inizio*, sono davvero e soltanto il cercare dell'immaginazione e il suo illudersi di poter trovare ancora, di riuscire a vedere qualcosa anche nell'area della nuova presenza che è entrata. E sono soltanto proiezioni, che scompaiono non appena diminuisce il timore di quel *non vedere più* – che a sua volta non è niente, soltanto vaga inquietudine. La presenza invece rimane ancora, invisibile.

Io, quella prima volta, vidi una figura grigio chiaro, indistinta, con linee di capelli neri, femminili, solo per pochi secondi. Poi, via via che le linee e la figura si dissolvevano – e l'immaginazione si accorgeva di non vedere niente e smetteva di tentare – cominciai a sentire la voce di quello Spirito femminile, che era affettuoso e parlava rapido, a frasi brevi. Non ricordo esattamente le parole, ma mi domandò se mi rammentavo di lei, e io non me ne rammentavo. Non mi disse che cosa avrei dovuto rammentarmi – rispose qualcosa come: «Adesso non importa più» – e mi spiegò che fino a quel momento si era presa cura di me e che da lì in poi non ce ne sarebbe più stato bisogno: se ne sarebbe andata e non l'avrei incontrata mai più, perché, disse, così era stato stabilito. Così è stato, infatti; e gli Spiriti che ho incontrato poi non hanno memoria di quel mio primo incontro, e non sanno chi fosse lei.

2
«È reale?»

L'immaginazione, all'inizio – durante la discesa e i primissimi incontri con gli Spiriti – è un compromesso tra la nostra razionalità e ciò che essa avverte come diverso da se stessa, e che teme. Raggiungere questo compromesso è precisamente lo scopo di ogni mappa che conduca verso l'Aldilà, e non è cosa da poco.

L'eccesso di razionalità è infatti *il maggior problema* di chiunque desideri sapere qualcosa dell'Invisibile. Questo desiderio può avere infatti svariate ragioni, più o meno profonde, ma ha sempre come sua condizione un ben preciso conflitto interiore, che non riguarda soltanto i rapporti con l'Invisibile. Coloro che provano questo desiderio e gli danno importanza, sono le persone troppo razionali, che vorrebbero non esserlo. Sono quelli che hanno sempre l'impulso di stabilire al più presto *che cosa è reale e che cosa non lo è,* non soltanto nelle loro percezioni extra-sensoriali, ma anche nei loro rapporti sentimentali, nelle loro intuizioni e sensazioni, e in tutto quanto riguarda la loro creatività. «È reale o no il sentimento che mi sembra di provare per il tale?»; «È reale o no l'impressione che ho avuto parlando con il tal'altro?», o magari: «È reale o no questa voglia di dipingere che mi è venuta tutt'a un tratto?» ecc. Domande simili riempiono ogni giorno i loro monologhi interiori e – indipendentemente dal fatto che la risposta sia di volta in volta sì o no – quel sentimento, quell'impressione o quella voglia di dipingere che si sono affacciate alla loro coscienza finiscono sempre per diventare *meno reali della loro razionalità,* e se ne lasciano indebolire e distruggere. È davvero una cosa spiacevole. Anche la loro razionalità se ne rende conto; e infatti con quelle domande essa va in cerca ogni volta di qualcosa che la sorprenda e che la sconfigga: in cerca di sentimenti, impressioni e desideri più forti di lei, che travolgano ogni sua domanda. Ma questa ricerca non fa che irrobustirla, proprio com'è per i muscoli, che quanto più li si mette alla prova, tanto più aumentano di volume.

Avviene la stessa cosa – o meglio, questa perenne e vana ricerca viene messa a fuoco – nella curiosità di queste persone nei riguardi dell'Invisibile. In ciò che apprendono da altri o dai libri riguardo alle esperienze extrasensoriali, queste persone cercano ispirazione, incoraggiamento; ma non appena capita anche a loro una qualche percezione extrasensoriale, si avvia di nuovo lo stesso monologo: «È reale quel *qualcosa* che mi è sembrato di percepire dentro di me? o me lo sono immaginato perché ci voglio credere? Ma se ci voglio credere, ci sono molte probabilità che me lo sia soltanto immaginato, e dunque, se l'ho immaginato, non è reale: non è avvenuto davvero, non ancora...». E anche lì, la loro razionalità non fa che irrobustirsi e corazzarsi sempre più, nonostante la loro volontà; e la loro curiosità si condanna da sé a rimanere al di qua del suo oggetto, rattrappita, contratta.

Le mappe, tutte le mappe che dicevamo, sono fatte apposta per questa categoria di persone. Scopo delle mappe è di lasciare che l'immaginazione prenda momentaneamente il sopravvento nella coscienza, non già per sconfiggere la razionalità, ma al contrario: per guidarla, per aiutarla ad accorgersi di come tra razionalità e percezioni extrasensoriali non esista, in realtà, alcun contrasto.

La razionalità è soltanto la nostra facoltà di ragionare, e come tale non è d'intralcio né in contrasto con nulla. L'immaginazione, in queste mappe, si limita ad accompagnare la razionalità fuori da ciò che le è abituale – al di là della linea di quel monologo su ciò che è reale e ciò che non lo è – dopodiché la lascia libera di fare anche lì ciò che fa sempre: distinguere, ordinare, connettere tra loro i dati della percezione. Il *non vedere più* è precisamente il momento in cui l'immaginazione, in realtà, si ritrae dopo aver svolto quel suo compito e la razionalità comincia a orientarsi da sé.

3
Le mappe e le tre regole mosaiche

È in genere un'esperienza molto utile per queste persone, anche in ciò che riguarda i loro sentimenti, intuizioni e impulsi nella vita quotidiana. Permette loro di constatare in maniera immediata come davvero gli intralci, in tutti gli ambiti della nostra esistenza, dipendano esclusivamente dai nostri conflitti interiori tra ciò che siamo e ciò che vorremmo essere, o che pensiamo di dover essere. Queste persone pensano di dover essere più sentimentali, più intuitive, più creative per poter avere determinate esperienze, in questo o in quell'ambito; e ciò non è affatto vero. Si possono applicare con profitto anche a loro le tre regole mosaiche del non avere, del fermarsi, del velarsi – che si ritrovano in tutte le mappe.

Non avere più nulla significa non avere più nemmeno i propri conflitti, lasciare che rimangano indietro: e lasciarsi guidare dall'immaginazione – immaginarsi come sarebbe se quei conflitti non ci fossero più – è più che sufficiente per lasciarseli alle spalle.

Fermarsi significa essere semplicemente come si è, senza pensare di dover avere altre doti. Chi pensa di dover essere più sentimentale, più intuitivo, più creativo o altro per avvicinarsi all'Invisibile non fa che spostare sempre più avanti, sempre più lontano il confine dell'Invisibile stesso, così da credere di dover fare ancora molta strada per raggiungerlo: non occorre; quel confine è in noi, in ogni momento; basta star fermi.

Velarsi significa non sopravvalutare le proprie capacità percettive al punto da voler decidere in base a esse che cosa è reale e che cosa non lo è – come se la realtà di un fenomeno dipendesse dalla nostra capacità di percepirlo. Una tale sopravvalutazione serve soltanto a limitare le nostre percezioni a ciò che i nostri sensi ci dicono abitualmente, il che, in sostanza, ci condanna ad accorgerci sempre e soltanto di noi stessi. Velarsi è non voler decidere più che cosa è reale e che cosa non lo è: è lasciar avvenire, lasciare che altre percezioni comincino a fornire elementi alla razionalità, in quella sua nuova sede.

4
I turisti

E lì, se si rispettano queste semplici condizioni, l'eccesso di razionalità diventa spesso un vantaggio, nelle escursioni nell'Aldilà. Forse queste persone non diverranno mai grandi viaggiatori, dei Magellano dell'Invisibile – per questo occorre davvero un elemento di irrazionalità, dato che le persone razionali tendono inevitabilmente ad annoiarsi nei lunghi viaggi – ma, in compenso, il loro eccesso di razionalità potrà far di loro ottimi turisti, cauti e meticolosi. L'ansia di stabilire il grado di realtà delle cose lascia il posto a una profonda curiosità, che rende gli incontri e i viaggi tanto più interessanti sia per loro, sia per gli Spiriti che fanno loro da guida. E soprattutto, dato che la razionalità dà il meglio di sé nel linguaggio, queste persone diventano spesso i migliori *mediatori* tra l'Aldilà e l'Aldiqua: sanno narrare, descrivono con cura, forniscono precise chiavi e indicazioni riguardo alle geografie, alle vie, alle soglie dell'Aldilà – a differenza della maggior parte dei percettori spontanei, il cui emisfero sinistro sembra essere meno attivo.

Dante

Dante che discute con Virgilio attraverso l'Inferno e il Purgatorio è un perfetto esempio di questo tipo di turista. Dante che chiede puntando l'indice, alzando o corrugando le sopracciglia e che ascolta le risposte con aria pensosa e partecipe, è decisamente un uomo razionale, apertosi d'un tratto alla percezione dell'Aldilà senza lasciare indietro la sua razionalità.

Nel primo Canto della *Divina Commedia* è proprio questa sua razionalità a dominare: Dante appare qui un vero e proprio teorico delle mappe. Spiega subito come si costruiscono e come leggerle:

> Io non so ben ridir com'io v'entrai,
> tant'era pieno di sonno a quel punto
> che la verace via abbandonai.
>
> [*Inferno*, Canto I, vv. 10-12]

Le mappe sono infatti un segreto: un segreto cifrato, sempre, appunto perché le parole non le «ridicono bene», le possono narrare soltanto. E ciò che rende così segrete le mappe è il «sonno». Quel «sonno» è il mutare del carattere delle percezioni, e dell'orientamento delle percezioni, da quella che Dante chiama la *diritta via*, la *verace via* (cioè i sistemi di riferimento consueti, il confine consueto tra vero e non vero, tra reale e non reale) alla condizione di «selva», di buio, in cui la coscienza discende in se stessa. Nel «sonno», anche Dante attraversa le tre regole mosaiche: cessa di avere qualsiasi cosa, è tutto quanto nel suo esser lì, è interiormente fermo, immobilizzato dalla paura, dal non sapere più nulla di quel che ha intorno e dal velo di quel «sonno»...

E nel «sonno» di Dante, il segreto diventa racconto: e il racconto è un percorso in discesa, con brevi, inutili tentativi di risalita.

Per una sessantina di versi, Dante descrive *esclusivamente* questo itinerario nel «sonno», con rigorosa, razionalissima precisione, così come si conviene in ogni buona mappa; e precisa altresì il ruolo dei primi Spiriti che compaiono, Spiriti guida animali – la lince, il leone, la lupa – che gli indicano la direzione, fino all'incontro con lo Spirito dominante, Virgilio. E «vidi costui nel gran diserto», nel vuoto. Dopodiché Virgilio prende a parlare, e le parole di Virgilio condurranno Dante, nei due regni più bassi, attraverso le ragioni, le risposte, il significato *più reale della realtà* di tutto quanto il suo mondo.

Ulisse

Un altro celebre esempio di mediatore e turista è il razionalissimo Ulisse, che discese nell'Hades – nell'Invisibile – e descrisse poi volentieri e in dettaglio la discesa, ai suoi ospiti feaci. La razionalità di Ulisse è, tra l'altro, proprio del tipo conflittuale che dicevamo prima: nessun altro eroe greco fu mai guidato tanto dalla razionalità quanto lui, eppure per tutta la vita Ulisse non fece che tentare di sottrarsi a essa, cercando sfide e sconfitte, flirtando continuamente con il pericolo inutile, con il capriccio, con l'assurdo.

Perciò scende nell'Hades, e vi scende proprio in uno dei suoi momenti, diremmo oggi, di maggior crisi. È Circe, che lo ama, a inviarlo là, facendogli davvero un dono da amante. In quel periodo Ulisse era angosciato, interiormente diviso: viveva comodamente con Circe, a Eea, da una anno, e poteva e voleva restare, ma i compagni, la nostalgia, il dovere gli imponevano di ripartire per tornare a Itaca. La sua razionalità elaborava e giustificava inquietamente ora una ora l'altra delle due possibilità, aggrovigliandovisi, e indebolendolo sempre più; Ulisse piangeva, in quei giorni, per l'indecisione e la tristezza. E Circe gli impone il viaggio nell'Invisibile, perché Ulisse si apra, da una razionalità che non riesce più a risolvere in se stessa i propri conflitti, a una più ampia e profonda sapienza e forza. Nell'Hades, parlando con gli Spiriti, Ulisse ritroverà le grandi ragioni del cuore (dall'amore per la madre all'amicizia con Achille), ritroverà il senso del proprio valore (parlando con Ercole), conoscerà la fine e il senso della propria vita; e ne uscirà rinnovato, forte, risoluto.

Circe gli dona la mappa, il *know how*, che prevede l'uccisione di un montone e di una pecora. Alcuni studiosi hanno riconosciuto nella mappa di Circe un rituale sciamanico, ma è un'ipotesi troppo generica. Tutte le mappe – anche la nostra – hanno alcune affinità con lo sciamanismo.[1] Ma il tratto fondamentale dello sciamanismo è il rapporto tra lo sciamano e la comunità: non è sciamano chi non compie i propri viaggi nell'Invisibile *per* la comunità a cui appartiene, entro un sistema di credenze e di valori che riconosce allo sciamano il suo ruolo, dandogli *energia e significato*. Ulisse non è uno sciamano – non è un Mosè, non è Gesù, che praticano appunto il loro sciamanismo dentro e per la loro comunità – Ulisse è davvero e soltanto un turista a tutti gli effetti, ragionevolmente emozionato, che usa la mappa di Circe come una Guida Michelin.

Anche nel percorso di Ulisse si riconoscono le tre regole mosaiche. Solo, Ulisse è un violento e tutto in lui è impetuosamente estroverso: e i tre passi da compiere sulla soglia – il lasciarsi alle spalle, il fermarsi, il velarsi – diventano, nel suo racconto, atti di forza (al contrario di Dante, per il quale tutto è nelle gradazioni dell'emozione e della luce):

per lasciarsi ogni cosa alle spalle, Ulisse ha bisogno di un viaggio per nave, attraverso il fiume Oceano, cioè attraverso l'ultimo confine della Terra;

il suo fermarsi è l'arrestare gli Spiriti, brandendo la spada e impedendo loro di avvicinarsi al sangue dei due animali uccisi;

ed è velato, Ulisse, non negli occhi ma nelle membra: quando si slancia avanti per abbracciare lo spirito della madre, si accorge del velo invisibile che lo separa dalla realtà di lei: la madre è sempre più in là di lui, c'è un velo invisibile e infinito, tra di loro.

E rude, brutale è nella mappa di Ulisse anche il dettaglio più semplice e più importante – la sua vera chiave segreta, magica, che, anch'essa, compare in tutte le mappe e che nella mappa di Ulisse richiede la morte di due animali e il grondare del loro sangue.

5

È utile, per incontrare gli Spiriti, uccidere un montone e una pecora e versarne il sangue in una buca quadrata? Per Ulisse era estremamente importante, perché scannare un animale domestico era nella sua epoca *un gesto consueto, quotidiano.* Non è infatti la percezione della morte in quel sacrificio, non sono l'odore e il rumore del sangue ad acuire le percezioni quel tanto che occorre per cogliere le voci degli Spiriti; è proprio il carattere consueto del gesto: e un gesto o un oggetto assolutamente ordinario compare infatti in tutte le mappe, in tutte le descrizioni di questi varchi sul confine dell'Aldilà. Per Mosè c'erano stati i sandali, ricordate? «Togliti i sandali». Aladino ha una vecchia lampada. Dante ha il camminare, nelle mappe, in cerca di una via, lungo un pendio, faticosamente, con gli scomodi calzari medievali.

Proprio questi elementi consueti sono *il varco* nelle mappe. Di lì si passa, è quello l'apriti Sesamo, dove non soltanto la nostra percezione ma tutto il nostro universo comincia a ruotare su di sé, proprio come una porta su un cardine. *È lì che la nostra razionalità si accorge di essere arrivata e rimane sola, nell'improvviso ritrarsi dell'immaginazione.* Nella nostra mappa, questa funzione era svolta appunto dal normalissimo ascensore.

La presenza di un oggetto o di un gesto consueto è infatti paradossale, sorprendente in quelle circostanze – sull'impossibile confine tra l'Aldilà e l'Aldiqua – e attira tutta la nostra attenzione: che cosa ci fa questo, qui? Come può trovarsi qui una cosa di tutti i giorni?

E proprio guardando a quell'oggetto o gesto consueto, noi ci accorgiamo che per percepire tutto ciò che lì appare impossibile alla nostra coscienza *non occorre nulla di più di quel che di solito occorre nelle circostanze più consuete.* Nulla di più. Ulisse vede e sente i sussulti dei due animali e quel sangue proprio come un istante dopo può vedere e sentire gli Spiriti. Dante sente il peso del corpo su un piede più che sull'altro, nel camminare sul pendio, proprio come un istante dopo vede i suoi misteriosi Spiriti guida animali, e poi Virgilio...

Il varco è soltanto questa messa a fuoco della percezione – questo ripristino della messa a fuoco consueta, familiare alla razionalità, nelle circostanze incredibili a cui ci conducono i tre passi dell'allontanarsi, del fermarsi e del velarsi dinanzi all'Aldilà. Non occorre un'altra percezione. Non c'è bisogno di *diventare diversi* da come si è di consueto. Perciò chiunque può imparare, proprio come Ulisse, e riuscirci: si tratta soltanto di riuscire, anche su quel confine, ad essere semplicemente come di solito si è.

L'oggetto consueto è il varco.

Ed è perciò che le tecniche di discesa invecchiano rapidamente, e quelle invecchiate non servono più allo scopo. Sono utili per confrontare e capire, ma non più per discendere, perché le loro mappe servono solamente finché quell'elemento consueto che contengono è ancora immediatamente consueto e come tale riesce immediatamente a colpire l'attenzione. E ciò è impossibile se è qualcosa di antico: di consueto per altri, in altre epoche. Ecco perché il nostro semplice, quotidiano ascensore è così prezioso, lì.

Come arrivano gli altri

È tutto giusto fin qui? domando ai miei amici Spiriti, ai miei coautori.

«Sì, ma come siamo arrivati noi, non lo racconti?»

Stavo per raccontarlo, infatti.

Lei, dunque, quel primo Spirito femminile che non si sa chi fosse, tornò nell'ascensore; l'ascensore si richiuse, e io sentii che si allontanava.

Rimasi in attesa per qualche istante, poi domandai ai miei aiutanti che cosa dovevo fare.

«Chiama ancora, se vuoi» mi dissero.

«Sempre come prima, un tu?»

«Come vuoi, ora. Chiama chi vuoi, tanto il nome non ha alcuna importanza.»

«Certo, il nome è sempre un'Euridice.»

E io chiesi di parlare con l'Evangelista Giovanni.

«Anche il modo di farli arrivare non ha importanza» mi spiegarono gli aiutanti «puoi pensare il nome che vuoi e aspettare, e premere il pulsante quando senti che l'ascensore è arrivato. Oppure, per darti il tempo, puoi contare a ritroso da un qualsiasi numero: da 3, da 7, da qualunque numero vuoi. Allora l'ascensore si aprirà quando sarai arrivato a 1.»

«Perché non ha importanza il modo?» domandai io.

«Qualsiasi modo ti piaccia va bene, qui» dissero gli aiutanti, «se ti piace è il tuo. Tu dai gli ordini qui. E il tempo dell'attesa è soltanto il tempo che occorre a te per prepararti all'incontro. Mentre per congedarsi da loro si fa l'inverso: si conta da 1 a un qualsiasi numero ti piaccia, e si aspetta che l'ascensore si chiuda e si allontani.»

Io contai da 7 a 1, dopo aver pensato al mio desiderio di incontrare l'Evangelista Giovanni, e all'1 l'ascensore si aprì.

«E c'eri tu» dico allo Spirito che da allora parla più spesso degli altri, con me, nel laboratorio.

«Per un bel po' mi hai chiamato Giovanni, infatti» mi dice ora questo Spirito.

Per qualche mese continuai infatti a chiamarlo Giovanni, tra me e me, quando ci pensavo; ma non gli domandai mai nulla riguardo al Vangelo di Giovanni, o alla vita dell'Evangelista. A quel tempo non avevo capito bene il fatto che i nomi non avessero importanza tra gli Spiriti, ma era come se qualcosa in me l'avesse capito, e parlavamo quindi di una quantità di altre cose.

«Ciò che in te riusciva a parlare con me l'aveva capito» mi dice ora questo Spirito. «Quello che tu chiamavi "io" non l'ha capito neanche adesso, ma quello che tu chiamavi "io" è diventato molto piccolo, da allora, e da un pezzo non è più che una specie di stato d'animo saltuario.»

Poi – diverso tempo dopo – cominciarono a comparire anche gli altri, e imparai che non solo i nomi, ma anche i numeri hanno ben poca importanza nella dimensione degli Spiriti. Uno Spirito può essere uno e può essere molti, senza cessare di essere uno, e viceversa. A volte sembra che si scindano, e da uno diventano due, tre – una volta ne ho contati fino a un massimo di quindici – altre volte li si può far arrivare uno dopo l'altro...

«Non ha nessuna importanza come arrivano, avevano ragione i tuoi aiutanti. Fa solo parte di quella che tu chiami immaginazione» dice il mio interlocutore abituale, l'ex Evangelista. «Passiamo alle altre istruzioni, piuttosto.»

Passiamo alle altre istruzioni.

Altre brevi istruzioni

Ancora sull'immaginazione, e sulla memoria, e sui pericoli di Orfeo

1

Il fatto che l'immaginazione visiva si diradi e scompaia subito dopo l'inizio, non significa naturalmente che Omero e Dante inventarono di sana pianta tutte le figure e le scene del loro Aldilà. Di certo inventarono, dato che nelle opere d'arte agiscono ragioni e modalità diverse da quelle dei memoriali, e queste ragioni e modalità impongono dosi massicce di pura invenzione; ma qualunque sia stato il ruolo della pura invenzione nell'*Odissea* e nella *Divina Commedia,* rimane comunque alta la probabilità che molte di quelle figure e scene abbiano riprodotto realtà che in qualche luogo esistono: e anche la *visibilità* di esse è una di queste realtà.

Quando infatti scompare il timore di quel *non vedere più,* l'immaginazione ricomincia pian piano a esercitare una serie di funzioni determinanti nella comunicazione con gli Spiriti, e alcune di queste funzioni, le più sottili e complesse, possono venire descritte efficacemente in termini visivi. *Nessuna delle immagini che allora cominceranno a delinearsi sarà mai completamente reale, nel senso che noi diamo al termine reale;* nessuna di esse sarà mai da prendersi alla lettera. Ma i suoi contenuti sì, hanno gradi di realtà assai densi, che si imprimono sia nella coscienza di coloro che li percepiscono direttamente, sia nella coscienza di coloro che poi ne ascoltano i racconti – e sia negli uni sia negli altri attivano considerevoli dinamiche mentali, emozionali, intellettuali.

Queste realtà descrivibili in termini visivi si cominciano a percepire, comunque, nella maggior parte dei casi, soltanto dopo una lunga frequentazione degli Spiriti, e in questo libro non ne parleremo se non per brevi accenni. Nei primi tempi, nel periodo, diciamo, di ambientazione dei turisti nell'Aldilà, l'immaginazione deve impratichirsi in altre funzioni indispensabili, divenendo lo strumento principale della razionalità.

2

L'immaginazione lì – quando quel timore iniziale si dirada – impara innanzitutto a individuare le voci che parlano con noi: a distinguerle *dal silenzio,* a distinguerle *le une dalle altre,* e a distinguerle *da se stessa,* da ciò che noi vorremmo sentirci dire e che a volte, più o meno inconsapevolmente, ci sforziamo di immaginare di aver udito.

E nessuno di questi compiti è facile. Anche distinguere le voci dal silenzio del laboratorio richiede impegno ed esercizio, perché spesso il segnale – l'intensità di quelle voci – risulta molto debole, per la nostra attenzione abituata ai segnali forti, violenti spesso della nostra vita psichica consueta. I pensieri, i ricordi, le incertezze, i turbamenti e gli echi delle impressioni sonore esterne parlano, in noi, a voce molto più alta degli Spiriti, il cui volume sonoro è davvero l'ultimo grado prima del silenzio. Per udire gli Spiriti occorre concentrazione e occorre la precisa intenzione di udirli, di sintonizzarsi sulla loro frequenza – e l'immaginazione è in gran parte lo strumento di questa sintonizzazione.

Lo è, perché è *soprattutto* l'immaginazione a trasformare in parole della nostra lingua ciò che gli Spiriti si comunicano. Le voci degli Spiriti infatti *non parlano,* in realtà («parlare», riferito agli Spiriti, è già un'immagine, un termine metaforico) e tanto meno nella lingua che noi sappiamo meglio. Il comunicare degli Spiriti è proprio quel premere sul velo, che dicevamo prima: e la nostra immaginazione si incarica, lì, di adattare a quelle pressioni il lessico di cui essa dispone, offrendo agli Spiriti una specie di grande tastiera, nella quale ogni tasto corrisponde a una parola. Questo è, propriamente, tecnicamente, *l'ascoltare la brezza*.

E anche l'espressione «le voci degli Spiriti» è, in realtà, metaforica. Propriamente, essa indica, al contempo:

1) le parole che su quella specie di tastiera si compongono;

2) le integrazioni che l'immaginazione vi inserisce, troppo rapidamente di solito perché la nostra coscienza riesca ad accorgersene: particelle, articoli, preposizioni, e anche parole che completino frasi non udite del tutto;

3) tutte quelle altre sfumature stilistiche, che l'immaginazione aggiunge perché sia più compiuto, più «realistico» il discorso di uno Spirito: la sottolineatura di una particolare intonazione, di un accento, del tono di una frase, e così via.

L'immaginazione provvede insomma a ciò che, se si trattasse di un pezzo musicale invece che di una voce, si chiamerebbe *interpretazione*. E soprattutto attraverso questa «interpretazione» impariamo a distinguere le voci dei diversi Spiriti che, come dicevo, possono anche essere piuttosto numerose.

E attenzione:

nessuna di queste integrazioni operate dall'immaginazione è mai completamente arbitraria, durante la conversazione con uno Spirito.

Quelle «pressioni sul velo» sono infatti numerosissime, molteplici, precise, quando è uno Spirito a parlare, e l'immaginazione dovrebbe fare un notevole sforzo per sottrarsi a esse e per metterci qualcosa di *esclusivamente suo*, mentre le ascolta e le «interpreta».

Ci riesce a volte, e all'inizio pochi si accorgono di quando ci riesce: con la pratica, invece, si cominciano a riconoscere i segni di questi interventi. Quando infatti l'immaginazione riesce a inserire elementi arbitrari, soltanto suoi, nella conversazione con uno Spirito, *la conversazione si interrompe per qualche istante*, e la frase immediatamente precedente all'interruzione – la frase cioè in cui l'immaginazione aveva incominciato a battere lei stessa sulla tastiera – ha sempre qualcosa di ovvio, o di inutilmente oscuro. Cambia anche sensibilmente il nostro stato d'animo: quando l'immaginazione inserisce frasi soltanto sue, ci sentiamo subito inquieti, impazienti o tristi, oppure esaltati. Quando invece l'immaginazione si limita a «interpretare» le frasi, si è di solito molto tranquilli, e tutto avviene in modo fluido, con grande facilità e rapidità: la mano scrive sul foglio, come se le voci dettassero, e si ferma soltanto quando poniamo una nuova domanda o chiediamo chiarimenti su una frase che non abbiamo capito. (Le nostre facoltà intellettive e riflessive rimangono sempre perfettamente deste, durante le conversazioni con gli Spiriti, e appunto perciò si possono chiedere chiarimenti, a differenza di quanto avviene nella scrittura automatica).

3
Sullo scrivere e la memoria

A proposito dello scrivere: prendere nota è *sempre indispensabile,* durante le discese.

Mentre, infatti, l'immaginazione lavora laggiù a pieno ritmo, con la memoria purtroppo si è alle solite. Le censure della memoria rallentano soltanto, ma non cessano: e già mentre si sta ritornando al normale stato di veglia (mentre cioè, risalendo, si conta da 1 a 12 e mentre si immaginano uno dopo l'altro i colori dell'iride, dal violetto al rosso) il ricordo delle parole degli Spiriti comincia rapidamente a dissolversi, in pochi secondi scompare per sempre. Rimane soltanto, dopo le discese, un vago ricordo delle sensazioni e dei sentimenti provati là. Perciò è necessario prendere nota durante le conversazioni, proprio come fa Carlito, nei romanzi di Castaneda, perché le lezioni di Don Juan non svaniscano durante il passaggio dalla «seconda attenzione» allo stato di coscienza ordinario.[1]

Tutto ciò che durante le conversazioni non si è riusciti a scrivere, o che si è scritto in modo indecifrabile (capita, quando scrivi con gli occhi chiusi) non può venire recuperato in alcun modo.

In nessun modo. Anche gli Spiriti sembrano infatti avere qualche difficoltà nel ricordare ciò che essi stessi hanno detto durante precedenti conversazioni: evidentemente, la loro memoria interagisce in qualche modo con la nostra quando conversano con noi, e perciò di quanto è avvenuto tra noi e loro non ricordano quello che noi non ne ricordiamo. Per questa ragione, per esempio, non mi è rimasta neppure una frase precisa della mia prima evocazione, del mio breve dialogo con quello Spirito femminile: perché in quei momenti ero troppo sbalordito per pensare a scrivere; e quel che me ne rimane è quasi tutto risultato delle ipotesi che ho fatto poi, per spiegarmi i sentimenti che ricordavo di aver provato durante la conversazione.

* * *

Comunque, soltanto la prima o le primissime volte succede di essere troppo sbalorditi per prendere nota, e la tecnica dello scrivere a occhi chiusi si impara rapidamente. Un buon modo per evitare che le parole si sovrappongano è poggiare sul foglio la mano che non scrive e sfiorarla con la punta della penna ogni volta che si va a capo, per essere sicuri che la penna si trovi ogni volta un poco più giù.

È bene anche trascrivere le conversazioni su un quaderno, quando si è tornati allo stato di coscienza consueto, e rileggerle ogni tanto. La memoria, infatti, continuerà a far resistenza anche in seguito: anche la maggior parte delle frasi scritte e trascritte continuerà a svaporare a lungo, nella memoria, anche dopo numerose riletture. E non perché le frasi abbiano una sintassi difficile: questo non capita *mai*, nelle frasi degli Spiriti. Ma è come se non trovassero un luogo dove collocarsi, in noi. La memoria non le vuole. E occorre pazienza, per convincerla –

per insegnarle a lasciar entrare nei territori della nostra consapevolezza quotidiana anche gli insegnamenti degli Spiriti e le vicende che avrete con loro.

4
Orfeo

Il mito di Orfeo riguarda proprio questa resistenza della memoria al mondo degli Spiriti.

Quando il cantore Orfeo scese nell'Hades e toccò il cuore di tutti laggiù con la sua musica, la regina dell'Hades, Persefone, gli concesse com'è noto di riprendersi la fidanzata Euridice, morta da poco, e di riportarla nell'Aldiqua, a patto – così narra il mito – che Orfeo non si voltasse a guardarla durante la risalita. Orfeo invece si voltò prima del confine, e perse Euridice per sempre.

In realtà, non è che Orfeo mancò al patto: non perse Euridice per un errore. Gli Dèi non fanno mai patti. Nei miti come nelle religioni, ciò che agli umani sembra un patto – un «se...» nelle parole di un Dio o di un essere invisibile – è sempre e soltanto un tentativo degli umani di non capire, di non ricordare ciò che non vogliono capire di un messaggio divino, al quale non potranno disobbedire *comunque*. Così è anche per Orfeo. Quando si volta verso Euridice, egli sta appunto *obbedendo* a ciò che Persefone, in realtà, gli aveva detto, e che Orfeo si era sforzato fino a quel momento di censurare; «Se ti volterai lei sparirà» non era una *chance* offertagli dalla Regina, bensì l'annuncio di una legge, la legge della memoria umana sul confine dell'Aldilà:

ciò che portiamo con noi uscendo dall'Aldilà, esiste per noi soltanto se ci volgiamo a guardarlo nella nostra memoria: ma all'uscita dell'Aldilà, ciò che vediamo nella nostra memoria svanisce.

Perciò, prendete nota durante le discese.

5
Altre norme

Orfeo commise in seguito anche altri errori, dimostrò cioè tragicamente l'esistenza di altre norme indispensabili a chi ha imparato a varcare il confine tra Aldiqua e Aldilà.

Narra il mito che Orfeo, dopo la sua traumatica esperienza nell'Aldilà, fosse divenuto un solitario e che avesse cominciato a praticare l'astinenza sessuale. Amava la notte – *orphne*, «oscurità» in greco, è probabilmente all'origine del suo nome – e di notte rivelava ai suoi giovani discepoli traci i misteri che aveva appreso nell'Hades.

Li rivelava, si dice, per il rancore che nutriva verso Persefone: contrabbandava quella merce preziosissima, i misteri. E secondo alcune versioni del mito, Orfeo fu ucciso con un fulmine da Zeus, proprio perché insegnava agli uomini cose troppo preziose. Secondo altre versioni, furono le donne tracie a ucciderlo, dilaniandolo, offese e scandalizzate dalla sua astinenza.

Sono rischi precisi, questi indicati nel mito.

La familiarità con l'Aldilà, con gli esseri che si incontrano a occhi chiusi, può indurre davvero una sorta di assuefazione al buio, e a una ricerca di buio e di solitudine anche nella vita di tutti i giorni. E ciò non può non produrre la reazione, anche violenta, di quegli aspetti della vita psichica e fisiologica che questa assuefazione reprime. Tali aspetti sono impersonati dalle donne tracie inferocite, nel mito di Orfeo; e Orfeo dilaniato è la personalità che si disgrega, sotto la loro pressione. La voglia di aria aperta, di luce, di gioco, di esercizio fisico e soprattutto le esigenze del sentimento e della sessualità vanno perciò assecondate e sviluppate quanto più possibile, quando si comincia a viaggiare oltre il confine dell'Aldiqua.

Mentre il rancore di Orfeo raffigura, nel mito, i rischi di una crescita abnorme dell'ego, dell'importanza che diamo a noi stessi.

Orfeo serba rancore perché vuol comprendere soltanto le proprie ragioni e, nel suo buio notturno, le contrappone sia alle ragioni altrui sia alla realtà delle cose. È anche questo un atteggiamento nel quale si può facilmente incorrere quando si comincia a conversare con gli Spiriti. Ci si può sentire nel giusto, troppo; ci si può sentire sapienti, maestri. È un pericolo per la personalità. Anche Gesù raccomandava ai discepoli: «Voi non fatevi chiamare *rabbim*, non fatevi chiamare maestri, ma il più grande tra voi sia il vostro servo» (*Matteo* 23, 8-11). Quell'aumento dell'importanza che si dà a se stessi genera spesso una vera e propria inflazione dell'io: un crollo del suo potere di acquisto esistenziale. Ci si accorge di non essere più capaci di apprendere o anche soltanto di prendere qualcosa di ciò che ci circonda. Questo può avvenire a chi, come i *rabbim*, i maestri spirituali, i sacerdoti *di professione*, si trova spesso nelle immediate vicinanze di una dimensione spirituale: ma nel caso di questi professionisti, la Chiesa o comunque la struttura istituzionale a cui appartengono provvede a garantir loro il necessario, proteggendoli, salvandoli dalle conseguenze della loro personale inflazione. Mentre quando ciò avviene a un libero cittadino, i disagi possono essere irrimediabilmente gravi: Zeus – che, nel mito, raffigura ciò che nell'individuo è più grande dell'ego – non perdona queste inflazioni, le trasforma presto o tardi in depressioni, in disperati smarrimenti esistenziali.

Il rimedio preventivo, in questi casi, è d'altronde molto semplice: è sufficiente *dire la verità* a se stessi e possibilmente anche agli altri; o almeno sapere sempre quando non la si sta dicendo, e perché.

Queste istruzioni sono sufficienti, per affrontare con sicurezza i primi passi nel nostro Aldilà.

Ma è proibito?

1

È proibito, certamente.

O perlomeno, ogni volta che si va a incontrare gli Spiriti si disobbedisce a tutte le Chiese, dato che *l'evocazione* è da tutte vietata. Non è un vero e proprio peccato (nelle Scritture non c'è nessun comandamento che la condanni) ma il divieto è comunque netto, perché si tratta di un *tabù* molto forte nei paesi cristiani – e la Chiesa ha sempre avuto un grande rispetto per i tabù, e li ha sempre custoditi con cura, il più a lungo possibile, perché è di tabù che la Chiesa vive.

Il tabù – o il *sacrum,* com'è in latino – è quel campo di forza che si forma intorno a qualsiasi oggetto, luogo o fenomeno in cui si riconosca un potere di natura misteriosa, o anche soltanto incerta. Il tabù, il *sacrum,* è propriamente il sapere che lì, in quel dato oggetto, luogo o fenomeno c'è *qualcosa* di diverso da te, di più grande di te, a cui tu non sei ancora pronto e da cui devi perciò proteggerti in qualche modo, o farti proteggere. E compito principale della Chiesa (come anche di tutte le autorità religiose sacerdotali) è provvedere a questa protezione, recingendo il tabù e tenendone lontana la gente.

Tabù, per i cristiani, sono per esempio gli altari, le reliquie, o i luoghi in cui si sono avute apparizioni di santi o della Madonna. E la Chiesa infatti recinge oggetti e luoghi del genere, non tanto per proteggere quelli, come di solito si ritiene, ma per proteggere i fedeli dalle particolari forze che lì sono contenute.

Tabù, per i cattolici, erano fino a non molto tempo fa anche i Vangeli, che la Chiesa rinchiudeva nella potente recinzione della lingua latina, per renderli inaccessibili ai più – poiché evidentemente anche nei Vangeli la Chiesa scorgeva sorgenti di un particolare potere, a cui i suoi fedeli non erano pronti e dal quale bisognava perciò proteggerli.

Tabù riconosciuti dalla Chiesa sono anche tutti quei varchi che si aprono verso l'invisibile, come appunto le pratiche magiche o divinatorie e le evocazioni di Spiriti. E alle difese che la maggior parte della gente si costruisce da sé, spontaneamente, contro questi varchi (mediante la ripugnanza, il disprezzo, il timore superstizioso, l'ignoranza volontaria, il sarcasmo) la Chiesa aggiunge la propria riprovazione, il proprio divieto.

E per la Chiesa, notate bene, questo compito di protezione è ancor più importante che per i suoi fedeli. Davvero la Chiesa vive di tabù: se i tabù smettessero di esistere – se nella gente si perdesse il senso del *sacrum* – o se la Chiesa non riuscisse più a imporsi come l'esperta ufficiale in materia, la sorte della Chiesa sarebbe segnata, proprio così come la sorte della medicina ufficiale sarebbe segnata se le malattie non esistessero più, o se si scoprisse che la medicina ufficiale riesce a curarle con minor successo della medicina orientale, omeopatica o altro.

Non c'è ovviamente alcun pericolo che questo accada alla Chiesa in un prossimo futuro; ma sicuramente la sua opera di tutela dei tabù è sempre stata faticosa e lo sarà sempre di più, poiché *non esiste tabù che non abbia scadenza.*

Diventare sempre più artificioso e vanificarsi, è nella natura stessa dei tabù: se infatti il potere che possiedono è tanto temibile proprio perché gli uomini non sono *ancora* pronti a esso, è inevitabile che prima o poi gli uomini comincino a diventarlo. I tabù sono limiti che gli uomini percepiscono, e

gli uomini percepiscono *soltanto quei limiti che possono imparare a superare.*

La percezione di un limite è sempre il primo passo del processo del suo superamento. Mentre i limiti che gli uomini non possono superare, non possono neppure percepirli in alcun modo.

Il crollo di tanti tabù, e soprattutto dei *tabù sulla conoscenza,* lo ha dimostrato bene negli ultimi secoli. Dai tabù sulla traduzione delle Scritture ai tabù sulla ricerca scientifica, la Chiesa ha dovuto riconoscere una dopo l'altra le proprie sconfitte – tanto più nette, in quanto la difesa dei tabù sulla conoscenza non può fondarsi su argomenti morali, né giuridici, né su argomenti autenticamente religiosi, e nemmeno sul buon senso, ma solo sul presupposto che *è male conoscere certe cose perché gli uomini non le conoscono ancora*: ed essendo questo un presupposto sbagliato, una simile difesa diventa soltanto una prova di forza, una scommessa che la Chiesa ha fatto ogni volta sul proprio potere, invano.

Anche il tabù sulla scoperta dei mondi degli Spiriti è soltanto un tabù sulla conoscenza; e ha tutta l'aria di essere scaduto anch'esso, già da molto tempo.

2

Da molto, molto tempo, in realtà. C'è addirittura una storia nella Bibbia, a questo proposito. È la più famosa di tutte le storie, e riguarda proprio il primo e il più celebre di tutti i tabù.

Solo che come la si conosce di solito, anche questa storia è recintata da un tabù, molto antico anch'esso, che risale alle prime traduzioni greche della Bibbia. Quelle traduzioni (che risalgono al III secolo a.C.) non erano letterali: il testo della Bibbia, infatti, era sacro, e sacra era anche la lingua in cui era scritto, l'ebraico antico, e l'uno e l'altra contenevano poteri enormi, che andavano custoditi e dai quali andavano protette le menti impreparate degli stranieri.

Così quei primi traduttori tacquero nella traduzione alcune cose, e altre ne dissimularono: e il testo greco che ne risultò ebbe la stessa funzione che ha un santuario costruito attorno al luogo di un'apparizione: far vedere che il luogo c'è, ma impedire che ci si avvicini troppo. In questa forma *alterata* la Bibbia varcò il Mediterraneo e cominciò a penetrare in culture diverse, che così, in quella forma tabuizzata, si abituarono a conoscerla.

Vi fu in seguito anche qualche traduzione letterale – come quella di rabbi Aqila, intorno al 130 d.C. – ma andarono tutte perdute, senza aver modificato in alcun modo l'immagine che quelle prime versioni alterate avevano dato dell'Antico Testamento. Le traduzioni successive, *fino a quelle attuali,* si sono conformate tutte a quella prima traduzione tabuizzata – e ciò sia perché un tabù è un tabù, e violare un tabù è sempre uno scandalo, e sia perché, più semplicemente, l'ebraico antico è una lingua difficile, e pochi la conoscono. È perciò che tante storie della Bibbia, e soprattutto del libro della *Genesi,* risultano completamente nuove e sorprendenti quando le si legge nel testo originale.

Così è anche per questa storia famosissima. Come la si conosce di solito, è una storia assai oscura e stramba, e quel che si riesce a dedurre da tale oscurità è che, per qualche ragione misteriosissima e crudele, *non si deve mai disobbedire a un tabù sulla conoscenza.* Invece questa storia così com'è scritta davvero, dice proprio il contrario: come e perché si debba disobbedire, e come farlo. Ora vi racconto com'è.*

3
L'adàm e la Aishà

All'inizio, narra dunque il libro della *Genesi,* l'*adàm* viveva tranquillo nel giardino dell'Eden.

E l'*adàm* è l'umanità.

Non è un uomo che per un qualche motivo si chiamasse Adamo: *adàm* in ebraico vuol dire «l'essere umano», «l'uma-

* Il testo ebraico antico di questa storia, tradotto correttamente, è riportato più avanti, alle pp. 252-260. Quello che qui segue è un sunto e un commento della storia stessa.

nità» in generale. Perciò nel capitolo 1 della *Genesi* si dice che dopo aver creato l'universo e gli animali e una quantità di altre cose e di altri esseri

Dio creò l'*adàm* a sua immagine,
a immagine di Dio lo creò:
e maschio e femmina lo creò.

L'*adàm*, l'essere umano, l'insieme di tutti gli uomini e di tutte le donne viveva dunque in quel giardino, all'inizio, insieme a Dio, in un modo chiuso e comodo come il grembo in cui vive il feto.

*

E un giorno Dio cominciò a parlare all'adàm dell'albero della conoscenza del bene e del male, che cresceva lì. Quando avvenne? Non si sa, è impossibile saperlo, perché tutto ciò che è narrato nel libro della *Genesi* avviene in un tempo molto speciale: avviene sempre, avviene in tutti, avviene anch'esso in fondo alla sorgente del nostro presente, e da lì giunge alla nostra coscienza – alla nostra capacità di accorgercene.

Un giorno qualsiasi, dunque, Dio cominciò e comincia sempre a parlare, all'adàm, di quel tale albero. E spiegò e spiega all'adàm che il frutto di quell'albero era ciò che oggi si chiamerebbe un tabù, e che se l'adàm l'avesse mangiato, avrebbe cominciato a morire. «Se tu ne mangiassi» disse Dio «certamente moriresti». E l'adàm non mangiava i frutti di quell'albero.

*

Sono un divieto quelle parole di Dio? Sì, certo.

Sono *davvero* un divieto?

Lo sono, ma a ben guardare c'è quel «se» divino, da cui si intuisce che insieme al divieto c'è qui qualcos'altro. È davvero strano, quel «se», perché un divieto divino *non richiederebbe spiegazioni* – per quale ragione Dio dovrebbe giustificare le sue decisioni e renderne conto agli uomini?

Se fosse stato davvero un divieto, Dio avrebbe detto semplicemente: «Non mangiare quei frutti».

C'è invece il «se». E «se ne mangi, poi muori» somiglia a un patto; ma come già sappiamo, gli Dèi non fanno mai patti con gli uomini, ed enunciano sempre e soltanto *leggi*. È l'uomo che, ascoltando gli Dèi, si sforza sempre di sentire sottoforma di patto ciò che in realtà è soltanto un dato di fatto, una necessità. Così era stato anche tra Persefone e Orfeo: se non ti volterai a guardarla, potrai portare con te Euridice...

E nella storia dell'adàm, il «se» è tanto più strano, in quanto Dio non aveva mai detto né fatto capire in alcun modo all'adàm che il suo destino potesse essere quello di non morire mai. E dunque?

*

L'adàm, comunque sia, non fa alcun caso a queste sottigliezze. Fiducioso proprio come un feto, si limita a obbedire al divieto senza interrogarsi né sul quel «se» né tanto meno sul «morirai». L'adàm capisce soltanto che per lui in quell'albero c'è qualcosa che non va, e se ne tiene prudentemente e tranquillamente alla larga.

Agli occhi di Dio, invece, è in questo comportamento dell'adàm che c'è qualcosa che non va. Dio infatti ne è scontento – narra la storia, sia nella versione ebraico-antica sia nelle nostre traduzioni consuete – e si inquieta, al vedere l'adàm così obbediente. Dio mormora tra sé:

> No, non è bene che l'adàm sia solo. Gli farò un aiuto che rifletta la sua luce.

Così dice il testo ebraico (*Genesi* 2, 18). Un aiuto che aiuti cioè l'adàm a vedere se stesso, il proprio significato e il proprio compito, che evidentemente l'adàm non riusciva a vedere da solo.

*

E Dio comincia a creare questi aiuti.

E plasmò – dice il testo ebraico antico – esseri che non somigliavano all'adàm; esseri di forma e natura non umana, animale, «e li conduceva all'adàm, per vedere come li avrebbe chiamati: e in qualunque modo l'adàm avesse chiamato ciascuno di quegli esseri, quel nome sarebbe stato il suo nome».

Chi sono questi esseri?

Non possono essere i comuni animali, dato che quelli erano già stati creati prima dell'adàm[1]. Sono davvero e soltanto *aiuti senza nome*, esseri misteriosi, a cui l'adàm dovrà imparare a trovare il nome. E l'adàm, dice il testo ebraico,

> aveva nomi per tutto il bestiame domestico, e per tutti gli uccelli del cielo e per tutte le bestie selvatiche, ma tra quegli altri *aiuti* non uno ne trovò, che riflettesse la sua luce
>
> [*Genesi* 2, 20]

– *non li vide*, cioè; la sua «luce», il suo occhio non riusciva a illuminare nulla di essi: erano invisibili.

*

Allora Dio crea un altro *aiuto*, un altro essere misterioso.

E la traduzione a cui noi siamo abituati dice così, a questo punto:

> Allora il Signore Dio fece scendere un torpore sull'uomo, che si addormentò; gli tolse una delle costole e richiuse la carne al suo posto. Il Signore Dio plasmò, con la costola che aveva tolta all'uomo, una donna, e la condusse all'uomo. Allora l'uomo disse: «Questa volta sì essa è carne della mia carne e osso delle mie ossa. Si chiamerà donna, perché dall'uomo è stata tolta». Perciò l'uomo abbandonerà suo padre e sua madre e si unirà a sua moglie, e saranno una sola carne.
>
> [*Genesi* 2, 2]

Qui le contraddizioni si addensano assai. Voi capite perché *una costola*? Perché questo esperimento di divina chirurgia plastico-genetica? E che cosa vuol dire: «Si chiamerà donna, perché dall'uomo è stata tolta»? E, soprattutto, perché mai Dio avrebbe dovuto creare a questo punto la donna, quando già prima, il sesto giorno, aveva creato tutti gli uomini e tutte le donne dell'umanità?

No, è impossibile capirlo, e non perché nel testo ci sia un mistero, ma perché la traduzione è sbagliata e non ha senso, così.

*

Il testo ebraico-antico, tradotto correttamente, dice invece, innanzitutto:

> Dio fece scendere il torpore sull'adàm, che si addormentò; e prese uno dei suoi involucri esteriori, e plasmò con forma e bellezza la levità di esso, di questo involucro.

Non ci sono costole e carne e non è dal corpo di un Adamo maschio che Dio crea qui il nuovo aiuto. Un corpo non ha «involucri». Ciò di cui si parla qui è l'immagine che ciascuno di noi ha di se stesso, come di un intero compatto: un io intero, di cui noi diciamo «sono io». Invece non è un intero, e non è compatto: l'io è composito, molteplice, spiega qui la Bibbia: è fatto di molti «involucri» contenuti l'uno nell'altro.

E quando l'io è nel «torpore» – quando l'io è sprofondato in se stesso e non sente più nulla all'esterno ma solo dentro di sé – accade che uno di questi involucri venga tolto, e acquisti vita autonoma.

Accade, notate bene.

Non accadde solo *allora*; accade davvero sempre, nel nostro presente quotidiano. *Accade in ogni tempo, anche a ciascuno di noi, che nel nostro torpore (sonno, rilassamento, trance) un involucro di ciò che chiamiamo io acquisti vita autonoma.*

E questo involucro è lieve – spiega la Bibbia – e la forma che acquista è *bella*: cioè è una forma nella quale si scopre quell'intenso, inesauribile significato che la parola «bellezza» esprime meglio di ogni altra parola.

Così cominciò ad accadere all'adàm, narra il libro, e da allora comincia ad accadere.

*

E il testo ebraico antico, tradotto correttamente, prosegue:

> E Dio plasmò la sostanza dell'involucro che aveva spezzato nell'adam, e ne fece *Aishà*, e la conduceva all'adàm. Allora l'adàm disse: «Questa volta è sostanza della mia sostanza e vita della mia vita». E si chiamerà *Aishà*, perché dall'*aìsh* è provenuta.

Aìsh in ebraico antico vuol dire «l'uomo», *il singolo individuo*: ovvero non l'essere umano in generale, l'adàm, ma ciò che noi intendiamo quando diciamo io. L'*aìsh* è l'io, il tuo, il mio, l'io di chiunque.

Ed è un termine maschile: la lingua ebraico-antica percepisce cioè il centro dell'io umano come un elemento maschile – come un elemento *Yang*, direbbero i cinesi.

L'*Aishà* è invece una componente femminile, *Yin*, dell'io – dell'io di tutti noi.

In ebraico, la parola *Aishà* significa anche «donna», «compagna», ma ricordate: l'ebraico antico è davvero una lingua sacra, nella quale *ogni singola lettera è immagine di un preciso potere*, e il suono e la grafia dei nomi sono come le formule chimico-magiche di ciò che i nomi indicano. Così, nella grafia ebraica il nome *Aishà* è *aìsh* con una lettera in più e con una lettera in meno. Sono scritti così: *aìsh*

איש

e *Aishà*

אשה

La lettera in più è la *he* (ה) che in ebraico antico è il geroglifico *dell'aria, dell'anima, dello spirito*; e la lettera in meno è la minuscola *yod* (י) che in ebraico antico è il geroglifico dell'idea del *manifestarsi*, dell'*apparire*.

Aishà, in questa lingua sacra, è dunque *la compagna invisibile, aerea, spirituale dell'io di ogni individuo*. Questo significa il suo nome.

*

Ciò che è narrato qui non è dunque una seconda creazione della donna, della parte femminile dell'umanità, bensì l'apparire di un essere spirituale: di un *aiuto*, dice la Bibbia, noi oggi diremmo: di una *guida*, nella quale finalmente l'*aìsh* dell'individuo impara a vedere «la propria luce».

E l'*aìsh* – narra la Bibbia – è felice di questa sua compagna emersa dal torpore, cioè *dentro* di lui, lontano dalla realtà esterna. Riconosce subito in lei la «sostanza della sua sostanza, vita della sua vita». E il testo ebraico antico aggiunge:

> E perciò l'aìsh uscirà da suo padre e sua madre, e si riunirà alla sua Aishà, alla sua compagna, e lui e l'Aishà saranno una cosa sola nella forma esteriore.
>
> [*Genesi* 2, 24]

Questo significa: attenzione, così *nascerà davvero* l'io, adesso terminerà la sua gestazione, il suo periodo fetale.

Non è l'istituzione del sacramento del matrimonio – non ci si può sposare con un proprio «involucro» – ma l'annuncio di ciò che adesso sta per succedere all'aìsh e alla sua Aishà che è dentro di lui, *inscindibile da lui nella forma esteriore.*

*

Ed ecco che succede, infatti, subito dopo.

Il Serpente, dice il libro, «il più sottile di *quegli* animali selvatici» – di quegli aiuti misteriosi, cioè, che Dio aveva creato per l'adàm, e che prima l'adàm non aveva compreso – si rivolge all'Aishà, *e attraverso di lei si fa comprendere dall'adàm,* che prima non sentiva e nemmeno vedeva quegli aiuti.

Il Serpente spiega che quell'albero della conoscenza non *provoca* la morte, non è velenoso di per sé: è la conoscenza, soltanto; e quando ne mangerete, dice il Serpente, «si apriranno i vostri occhi», e saprete ciò che Dio sa. Ci sono tante cose da sapere; e la morte è certamente una di queste: per cui allora saprete, comprenderete, sentirete la morte, poiché tutto imparerete a conoscere, da quei frutti – tutto fino alla morte. Questo intendeva Dio, quando aveva detto «se ne mangiassi, certamente moriresti».

Così dice il Serpente.

*

È un inganno?

La nostra tradizione religiosa dice di sì, e insegna da sempre che il Serpente è un tentatore, un ingannatore. La Bibbia lo nega invece esplicitamente: dopo che l'aìsh ha mangiato il frutto tabù, Dio infatti ripete tra sé proprio le stesse parole del Serpente (sia nel testo ebraico antico sia nelle nostre traduzioni più diffuse):

> Il Signore Dio disse allora: «Ecco, l'uomo è diventato come uno di noi, per la conoscenza del bene e del male. Ora è da evitare che stenda di nuovo la sua mano, e prenda anche i frutti dell'albero della vita eterna, e viva per sempre...».
>
> [*Genesi* 3, 22]

Dio aveva creato l'uomo a sua immagine. Qui dunque è come se dicesse: ecco che sta diventando come io l'ho creato. Ma non ancora, non del tutto, non è ancora pronto, ha un altro tabù dinanzi a sé: il tabù sulla vita eterna, che l'adàm non poteva scorgere prima, e che adesso impara a scorgere, come suo nuovo limite.

E da allora in avanti, secondo la Bibbia, l'adàm dovrà crescere in questa nuova direzione, per raggiungere anche quel limite e imparare la forza, il modo e la ragione per varcarlo. Alla qual cosa, com'è noto, provvide poi Gesù, nei Vangeli.

4
Hewhà

Ogni volta è un trauma, certamente. Ogni abolizione del tabù è un trauma per Dio, non meno di quanto lo sia per l'uomo. Gesù lotterà per anni, e si farà uccidere, per far varcare all'aìsh il tabù sulla vita eterna. E qui, dinanzi al superamento del primo tabù, Dio *soffre*, e grida e maledice, mentre l'uomo soffre non meno di lui. La discesa dell'uomo sulla Terra, attraverso il varco di quel tabù violato, avviene in modo drammatico – come d'altronde avviene sempre, nei parti:

... uscirà dal padre e dalla madre...

La discesa dell'aìsh sulla terra è infatti un parto.

*

In tutta questa storia dell'adàm e della sua Aishà, questa discesa è attesa davvero come un parto, con inquietudine, con sollecitudine, con molti aiuti, inutili alcuni, utili altri; ha gli intralci che può avere un parto: l'aìsh-adàm che non si muove, che non sa uscire da solo dall'Eden alla Terra e viene aiutato a uscire dall'Aishà, e dal Serpente.

E avverte il testo: *così sarà sempre*, ogni volta.

All'Aishà Dio disse:
«Moltiplicherò
i tuoi travagli, le tue gravidanze,
tu con dolore continuerai a partorire figli...».
E l'adàm chiamò la sua compagna *Hewhà*,
e lei è la madre di tutti i viventi.

[*Genesi* 3, 16-20]

Non è del nascere fisico che si parla qui. Sono le nascite, moltiplicantisi, innumerevoli, della conoscenza umana, il suo nascere sempre di nuovo, in mondi sempre più ampi.

E l'Aishà è, nell'essere umano, ciò attraverso cui l'io continua a nascere sempre più oltre – in ciascun vivente. Ciò la rende qualcosa di più di quel che era all'inizio: e infatti compare qui un nuovo nome-formula per l'Aishà: *Hewhà*:

חוה

che è scritto quasi come il nome ebraico di Dio, *Yhawhé*:

יהוה

Due lettere sole cambiano da un nome all'altro, e sono di nuovo la *yod* e la *he*. Il nome di Dio ha in più la *yod*, cioè il geroglifico del *manifestarsi*, e la doppia *he*, il geroglifico dello *spirito vitale*. Il nome *Hewhà* ha la *heth* (ח) che è il geroglifico dell'idea di *sforzo*, di *fatica*, mentre la *waw* (ו) è il geroglifico del *nodo* che unisce e separa, che converte una cosa in un'altra.

Il nome *Hewhà* appare qui come un grado inferiore del nome divino e del suo potere, come un'emanazione materna di Dio: è colei che, invisibile, trasmette e trasforma, con fatica, lo spirito vitale da un grado dell'essere a un altro grado dell'essere, da una forma all'altra, da una realtà all'altra, facendolo nascere sempre di nuovo – quello stesso spirito che nel nome divino si trasmette invece infinitamente da se stesso a se stesso, *he* della *he*, Spirito dello Spirito, Vita della Vita, chiuso in sé.

Aishà-Hewhà è colei che fa nascere l'uomo sulla Terra, e l'uomo nell'uomo, e la conoscenza nell'uomo. Ed è sia nell'uomo sia in Dio: è ciò che continua a congiungere l'uomo a Dio, anche dopo la discesa sulla Terra.

Nel racconto biblico, infatti, Aishà-Hewhà *non discende sulla Terra*, ma rimane tra Dio e l'uomo: il testo dice soltanto che Dio fece discendere l'adàm (*Genesi* 3, 24), solo noi, cioè, mentre l'Aishà-Hewhà rimane su, con il calcagno intrecciato per sempre al Serpente: a questo misterioso aiuto, simile a una strada, sottile:

> lei ti schiaccerà la testa,
> e tu le incalzerai il calcagno

dice Dio al Serpente (*Genesi* 3, 15). È davvero l'immagine del calcare una strada, del percorrerla in eterno: la strada tra Dio e l'uomo, la strada della conoscenza, la strada delle nostre infinite nascite interiori.

E all'Aishà-Hewhà Dio dice ancora:

e il tuo desiderio sarà verso il tuo compagno
e lui si raffigurerà in te

[*Genesi* 3, 16]

L'aìsh, il compagno dell'Aishà, l'io, si scorgerà e interpreterà se stesso in lei.[2] E siamo noi, naturalmente: l'io di ciascuno di noi è *il suo compagno.*

*

Così dunque è per la nostra Aishà, di noi tutti.

Un *aiuto* che nasce dall'io, nel «torpore», nel suo sprofondare in se stesso, e che desidera l'io e gli è maestra, guida aerea: uno Spirito guida, davvero?

A quanto pare, il racconto biblico vuol dire proprio questo.

E vuol dire dunque che, secondo la Bibbia, i tabù non si superano se non con l'aiuto dell'Aishà-Hewhà?

Penso proprio di sì. Il crescere dell'io, il suo nascere più in là, limite dopo limite, è una cosa che avviene non ad opera nostra soltanto: ci sono *sempre* altri aiuti, con noi, in noi, che spiegano, e interpretano il linguaggio a noi incomprensibile dei Serpenti, delle *strade dell'Aldilà,* e ci guidano tra i tanti ostacoli del nascere e del conoscere. E sono, dice la Bibbia, Aishà-Hewhà: gemelle, spiriti materni, levatrici, soglie – l'opposto, insomma, dei Cherubini dalla spada fiammeggiante, che chiudono gli ingressi. L'opposto dei tabù, e la chiave del loro segreto.

Gli Spiriti-Serpente e le strade

E anche il Serpente era uno Spirito guida?

«Il Serpente nella Bibbia è precisamente uno Spirito guida» dice l'ex Evangelista. «Non è divino, non è un lembo di Dio, o una sua ombra, o un Satana. È una forma spirituale, un'energia spirituale, si chiama Serpente perché è una forma che l'uomo ha nel proprio animo. E che riconosce tra l'altro nei serpenti in genere. È davvero sinuosa come il serpente, e come le strade.»

Ed è una strada oltre che un serpente?

«È la stessa forma che riconoscete nei serpenti e nelle strade, in voi è una forma sola, e voi ne cercate paragoni fuori, e ne trovate in varie cose. Oltre che una strada è un confine: diventa un confine, la sua coda va nell'invisibile – nel senso che diventa invisibile anche per noi; la testa invece può parlare il linguaggio dell'uomo.»

Allora perché l'adàm non l'aveva udito?

«Perché l'uomo a quel tempo non parlava il linguaggio dell'uomo, non parlava ancora nessun linguaggio. Stava soltanto cercando i nomi. Il racconto lo dice, no?»

E anche questo avviene sempre, nel presente?

«Sempre. Ci sono sempre uomini così, e ogni uomo è così più spesso di quanto ti immagini.»

Anche qui tra voi ci sono Spiriti Serpenti?

«Qui no. Nessuno di noi è un Serpente. La nostra natura è diversa, non siamo sinuosi. E soprattutto non siamo un confine: noi tutti siamo al di qua di quel genere di confini, voglio dire sia noi che voi, siamo al di qua, anche se in due mondi diversi.»

E tutto questo, comunque, dentro di noi?

«Dentro di voi dove?»

Dentro di noi dove?

1
L'abito da viaggio

Dove vanno, davvero, dove sono gli Spiriti, quando noi ci destiamo dal «torpore» in cui li incontriamo? Bisogna immaginare che rimangano intorno a noi, sopra di noi, come gli Angeli custodi che disegnavamo da bambini? Oppure l'«involucro» da cui provengono torna a chiudersi quando ci destiamo, e le nostre Aishà tornano a integrarsi con il nostro io, e a essere dunque una parte di ciò che in noi *conosce e capisce*, e non voci che noi capiamo e impariamo a conoscere?

E se è così – se tornano a essere parte di noi – significa che una parte del nostro io è sempre molto più in alto di noi, a metà strada tra gli uomini e Dio, là dove secondo la Bibbia è rimasta Aishà-Hewhà? E dunque noi dove siamo? Dov'è il nostro io tutt'intero?

Intorno al problema di questo *dove*, del luogo dell'io, la psicologia sta orbitando da tanto tempo. E questo *dove* non ha ancora un nome. Di ciò che chiamiamo «io» conosciamo soltanto il centro (o, più probabilmente, quello che crediamo ne sia il centro), e questo centro dell'io è l'area in cui la nostra coscienza si accorge solitamente di essere. Ma dove si trovi questo centro non lo sappiamo. Sappiamo come ci si sta, che effetto fa abitarci: ma non ne conosciamo il confine. Che cos'è e dove finisce il confine dell'io? Quanto si estende nello spazio e nel tempo questo punto che conosciamo da sempre, e che è il perenne soggetto di tutto ciò che facciamo, diciamo, pensiamo?

Tabù o non tabù, riguardo a questo problema gli unici progressi che abbiamo fatto dall'età della pietra sono in forma di leggende, di miti – di storie percepite o costruite *a occhi chiusi,* cioè in maniera incompatibile con i metodi scientifici. Anche la psicologia e la psichiatria hanno in proposito soltanto leggende e miti, poiché il confine dell'io è qualcosa che continua a sottrarsi all'indagine empirica: psicologia e psichiatria danno solamente un rivestimento teorico a strutture mitologiche e leggendarie, si limitano cioè a *raccontarle* in un altro modo – in un linguaggio più sussiegoso e più arido di quello dei miti propriamente detti. E l'unica vera differenza tra questi ultimi e le teorie scientifiche riguardo all'io, è che le teorie crollano molto rapidamente, durano al massimo un paio di generazioni, mentre i miti rimangono nei millenni.

* * *

Nel racconto biblico dell'aìsh e dell'Aishà, il confine dell'io è descritto in modo drammatico, struggente. È il momento in cui *gli occhi si aprono.*

L'incontro tra l'aìsh e la Aishà era avvenuto, ricordate, al di qua degli occhi chiusi, nel «torpore». E il testo ebraico dice che in quel «torpore»

> erano interamente nudi l'uno dinanzi all'altra, e non vi era nulla che non potessero scorgere l'uno nell'altra.
>
> [*Genesi* 2, 25]

Cioè: nulla che non potessero scorgere l'uno dell'altra, e *nulla che potessero scorgere intorno a sé,* così a occhi chiusi. Lì, per quel che ne sapevano, i due erano uno nell'altra infiniti: tutto l'universo era in loro, «l'uno nell'altra», come al culmine di una bella storia d'amore. E anche la conversazione con il Serpente, l'esitazione dinanzi alla bellezza dell'albero e poi il cibarsene: anche questo avviene a occhi chiusi, nel «torpore» sempre, in una dimensione spirituale che supera ogni idea di limite tra gli esseri, tra le cose. Ma appena mangiano il frutto, gli occhi si aprono:

> lei ne mangiò, poi ne diede anche all'aìsh, che era unito a lei, e anche lui ne mangiò. Allora si aprirono gli occhi di entrambi. E si accorsero di essere nudi, e fecero salire un'ombra su di sé, come di fogliame rampicante. Un'ombra triste. Così essi si fecero il loro abito da viaggio.
>
> [*Genesi* 3, 7][1]

Cioè: vedono *se stessi* – ciascuno di loro ritrova se stesso, e subito si perdono l'un l'altro. Cresce tra loro l'«ombra triste» che li nasconde l'uno all'altro: e che è quell'abito da viaggio che ci avvolge sempre, nel viaggio che è la nostra vita.

2

L'«ombra» è l'aprire gli occhi. Il nostro vedere a occhi aperti proietta quell'ombra innanzi a sé, ed è soltanto nel cono scuro di quell'ombra che noi riusciamo a vedere, quando non siamo nel torpore. Questo è il confine dell'io, secondo la Bibbia.

L'atto del cibarsi del frutto della conoscenza ne mostra l'inizio e la dinamica. L'aìsh *mangia* quel frutto: fa entrare, cioè, dentro di sé quel principio di conoscenza, e la conoscenza diventa da quel momento il *suo* conoscere, limitato da lui. Immaginate quell'albero come un qualcosa di luminoso, come una sorgente di luce: l'aìsh ne ha preso un frutto, un globo, e ora l'ha dentro di sé. Il suo io ne è colmo, dentro; ma i tanti «involucri» del suo io diventano da allora strati che proiettano intorno la propria ombra. E tutto ciò che egli vede intorno a sé, fuori di sé, è in quell'ombra.

L'aìsh – l'io – non può conoscere se non limitando la propria conoscenza mediante se stesso, spiega la Bibbia. E tutto ciò che l'io può conoscere è l'ombra di lui stesso, e quest'ombra è il suo limite, il suo confine.

E quel limite è tutti i limiti dell'uomo. Diventa il suo «abito da viaggio» in tutto, in ogni aspetto della sua esistenza; e in tutto ciò che noi vediamo come nostro limite, noi vediamo sempre e soltanto *quel* limite, quell'ombra.

Davvero, che splendida definizione del confine dell'io, che ribaltamento del maggior problema della nostra psicologia: la sostanza dell'io è in realtà, per ciascuno di noi, il confine di tutto, di ogni cosa che possiamo conoscere.

*

Perciò è da allora che l'uomo «comincia a morire»: comincia cioè a sentire la morte e a sapere che morirà – perché anche la morte è un suo limite, e solo da allora egli la può scorgere.

*

Il limite dell'io è tutti i limiti. E perciò quell'albero è chiamato albero della conoscenza del bene *e* del male. Non sono tanto il bene e il male, che importano qui: «il bene e il male» significa semplicemente *il tutto.* È l'*e* che li divide – il limite tra essi –: quello è il centro e il senso della conoscenza. Nel momento stesso in cui l'io scopre il proprio limite, e l'esistenza del limite, scopre anche quell'*e* che divide l'una e dall'altra tutte le cose che esistono. Ed è *una conoscenza divina,* spiega la Bibbia.

> disse il Signore Dio: «Ecco, l'adàm adesso è diventato come uno di noi, riguardo alla conoscenza...»
>
> [*Genesi* 3, 22]

È una conoscenza divina che vi sia l'*e*. Il bene *e* il male. La vita *e* la morte. L'Eden *e* la Terra. Il limite tra le cose e ciò che le congiunge. Anche la creazione comincia con un *e*:

> In principio gli Elohim crearono i cieli *e* la Terra[2]

e prosegue con una *delimitazione*:

> e separarono la luce dalle tenebre.

Nella Bibbia, Dio si presenta davvero come il Signore dell'*e*, che attraverso l'*e* crea e muove gli universi.

Mentre nell'aìsh che apre gli occhi, questa conoscenza divina diventa soltanto umana; e rispetto ad ogni limite, l'io che vede a occhi aperti è *al di qua*: al di qua di ogni *e*, da allora in avanti.

Nel racconto biblico l'aìsh – l'io – sente innanzitutto di essere al di qua del proprio corpo: di avere come limite un corpo. «E si accorsero di essere nudi.»

Sente di essere al di qua dell'«ombra triste», che lo separa dalla sua Aishà, e del mondo degli Spiriti.

E poi si accorge di essere anche al di qua di Dio: perché gli occhi aperti dell'uomo non lo vedono più, l'aìsh-adàm può soltanto *udirlo*, adesso, da dentro i suoi involucri d'ombra, come spiega il testo ebraico:

> e quell'ombra come di fogliame rampicante salì tra loro e il Signore Dio, nell'Eden. E il Signore, Dio, chiamava l'adàm e gli diceva: «Dove sei ora?». E l'adàm rispondeva: «L'ho udito soltanto, il tuo passo nel giardino. Ho paura, perché io sono nudo, io sono nascosto».
>
> [*Genesi* 3, 10]

Ed ecco di nuovo: ricordate il gesto di Mosè, il «velarsi per paura» dinanzi alla voce di Dio; l'origine e il senso più segreto di quel gesto sono spiegati qui. Da quando la conoscenza fa aprire gli occhi all'io, vi è quell'ombra a velarlo, a *nasconderlo nel suo Aldiqua*.

3

Il confine dell'io è dunque quella conoscenza. È il guardare con gli occhi aperti: *è in ogni nostra percezione, esteriore o interiore*, quando la nostra coscienza è desta. È tutto il nostro Aldiqua – che è la nostra ombra. È il nostro confine sempre e per sempre?

Lo è per l'io. È l'abito che abbiamo ovunque, sia nel viaggio della nostra esistenza sia, naturalmente, nei viaggi nell'Aldilà, nel «torpore», in cui continuiamo a lungo a non *vedere* davvero gli Spiriti, proprio come l'aìsh non vide più, da allora, l'Aishà. In ogni nostro viaggio, l'io porta il suo Aldiqua con sé, indosso, come un abito – un velo davanti agli occhi.

Ma noi non siamo soltanto il nostro io.

Non siamo soltanto l'abito che indossiamo. Come già dicevamo, nessun limite che noi riusciamo a individuare è realmente un nostro limite, poiché non l'avremmo potuto scorgere e riconoscere come tale *se non avessimo scorto qualcos'altro più in là*. L'*e* divino da cui ha avuto origine il mondo non separa soltanto, ma unisce anche. E di quell'*e* divino noi siamo eredi, grazie a quel tormentato pasto nell'Eden; abbiamo pur mangiato il frutto dell'albero della conoscenza, dell'*e*, e dunque possiamo usarlo: possiamo vedere *ogni limite* anche come l'inizio di qualcos'altro.

Anche di questa sacra vicenda dell'aìsh e della sua ombra noi non potremmo comprendere nulla, e non l'avremmo mai potuta narrare se non fossimo qualcosa di più dell'aìsh limitato dalla sua ombra. Le storie, le storie sacre soprattutto, sono sempre la nostra avanscoperta: ma cessano di esserlo, perché *noi le raggiungiamo, ascoltandole.*

Se dunque possiamo, in ogni limite, scorgere l'inizio di ciò che vi è al di là di esso, allora possiamo vedere anche più in là del limite dell'io. Possiamo comprendere qual è la sua estensione, la sua struttura, il luogo in cui si trova, e cos'ha intorno – *cosa c'è intorno al limite estremo della nostra forma di conoscenza.*

4

In teoria, possiamo. E a me interessava poterlo in pratica: e questo qualcosa di più, il nostro esser più del nostro io, è stato uno dei primi argomenti di cui ho conversato con i miei amici Spiriti, nel laboratorio.

Non appena mi accorsi che gli Spiriti conversano di tutto volentieri, senza alcuna preclusione, provai ad affrontare questa questione: misi a punto le mie convinzioni riguardo ai confini dell'io, e scesi a raccontarle a loro, per avere un parere. Di quelle mie convinzioni ero allora abbastanza orgoglioso: le inserivo anche nei miei corsi di teologia, perché mi sembrava che riuscissero a spiegare varie cose che nei modelli scientifici della struttura della mente non trovavano spiegazione, e che in psicologia sono affrontate perciò sempre in termini riduzionistici.

Ne parlai laggiù, all'ex Evangelista e agli altri che stavo cominciando a conoscere, e feci anche un paio di disegni a maggior chiarimento, mentre gli Spiriti ascoltavano in cortese silenzio, e mentre i due aiutanti – che non nutrono alcun interesse per le questioni teoriche – giocavano a scacchi sul soppalco.

Fu la domanda più lunga che io abbia mai posto agli Spiriti, quando ancora pensavo che per farsi capire da loro fossero necessarie molte parole...

E comincerei volentieri da qui.

Vi dicevo all'inizio che la prima parte di questo libro avrebbe riguardato il *come fare*, il come raggiungere la soglia dei mondi degli Spiriti, mentre nella seconda parte avrei lasciato parlare loro. Ci siamo, ormai: la prima parte è già abbondantemente completa, ho detto più o meno tutto quel che ne so, ed è tempo che la seconda parte incominci davvero, sottoforma di domande e risposte soltanto.

5
La mia domanda più lunga

Dunque, spiegai agli Spiriti quel mio modello, secondo cui l'io – il nostro limite e il luogo in cui noi siamo, dentro di noi – sarebbe costituito da tre parti.

La prima – dissi – è ciò che noi *chiamiamo io,* e può venir descritta come una serie disordinata di specchi, più o meno piccoli, sistemati sul terreno l'uno accanto all'altro: e davanti agli specchi c'è qualcuno, una figura che guarda. Questi specchi sono rivolti in diverse direzioni, e naturalmente riflettono ciò che hanno intorno; ma sono davvero piccoli, e così ognuno di essi riflette solo una piccola parte di ciò che ha intorno. Anche quel qualcuno che se ne sta lì e guarda questi specchi vede in essi soltanto alcuni lembi della sua figura; e anche l'immagine di chi passasse davanti a questi specchi verrebbe riflessa soltanto in parte, in tante piccole parti, e non da tutti gli specchi, ma solo da alcuni.

Questi specchi sono appunto ciò che noi *chiamiamo* io.

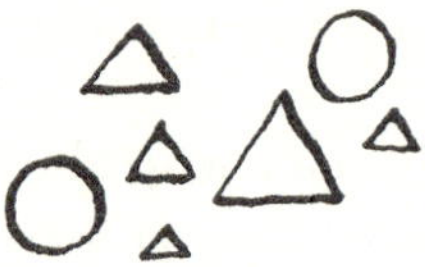

La seconda parte del nostro io – proseguii, dato che gli Spiriti tacevano – è quel qualcuno che sta lì davanti agli specchi, e li guarda.

Questo qualcuno è, nel nostro io, l'elemento centrale.

È lui quello che riceve le informazioni riguardo al mondo esterno e ai mondi interiori: e sia il mondo esterno sia i mondi interiori si trovano *alle spalle* di questo qualcuno-che-guarda-gli-specchi, un po' come nel mito platonico della caverna.[3] Ciò che quel qualcuno sa è ciò che vede riflesso negli specchi: e si china a guardarli, a osservarli come meglio può. Questo qualcuno-che-guarda-gli-specchi è *la nostra attenzione cosciente,* è ciò che nel nostro io si accorge di pensare, di decidere, di intuire e così via. Ma noi non sappiamo che è così, e neanche lui lo sa. Noi e lui pensiamo che l'io siano davvero gli specchi.

(E il più delle volte ci convinciamo, sia noi sia lui, che alcuni specchi siano più importanti di altri, che il contorno di alcuni sia, in qualche modo, più significativo: e a questi specchi diamo allora nomi particolari, come per esempio «mente», «coscienza», «ragione». Ma non funziona mai gran che. Ci basta guardarli con un po' più di attenzione, e ci accorgiamo sempre che quegli specchi sono soltanto specchi, e sono tutti più o meno uguali tra loro: piccoli specchi che riflettono soltanto lembi di qualcosa.)

Questa a destra, dunque, è la seconda parte del nostro io.

Infine, la terza parte del nostro io – proseguii, sentendo che nel silenzio degli Spiriti non c'era nulla che mi invitasse a fermarmi, – la terza parte del nostro io è ciò che quel qualcuno-che-guarda-gli-specchi ha alle sue spalle, e tutt'intorno.

Anche lì noi siamo: e lì non sappiamo dove finiamo, a che distanza sia l'orizzonte del paesaggio, e come sia, e se ci sia questo orizzonte. Non lo sappiamo, e non lo possiamo sapere, per la più leggendaria delle ragioni: perché durante la nostra vita quel qualcuno-che-guarda-gli-specchi può davvero guardare e vedere *soltanto* le immagini riflesse negli specchi.

Quando moriamo, quel qualcuno può voltarsi, e guardarsi intorno; anche prima che noi nascessimo, quel qualcuno poteva voltarsi e guardarsi intorno. Ma durante la nostra vita, noi non sappiamo cosa vedeva prima e cosa vedrà poi. E quel leggendario vincolo che gli impedisce i movimenti del capo è in realtà la vita stessa: ed è un vincolo in tutto e per tutto analogo a quello che lega fra loro i nostri organi, l'attività del cuore, del fegato, dei polmoni e dei muscoli, per tutto il tempo che viviamo.

Quel qualcuno-che-guarda-gli-specchi non può cioè guardare altrove, proprio come il nostro cuore non può sospendere il lavoro per andare a dare un'occhiata, poniamo, all'apparato digerente: se lo facesse, la vita dell'organismo si interromperebbe. Così, per la stessa ragione, quel qualcuno-che-guarda-gli-specchi non si può voltare, e se lo facesse l'io sarebbe finito – si spezzerebbe quel vincolo, che è la vita stessa.

Questo vincolo è l'ombra di cui parla il racconto dell'Eden; e perciò essa è il nostro «abito da viaggio».

Queste dunque sarebbero le tre parti – dicevo agli Spiriti – e il nostro io è tutte e tre le parti ed è *quel rapporto* tra esse, che non c'era prima che nascessimo e non ci sarà più poi.

A queste tre parti si aggiungono le vostre voci, le voci degli Spiriti dentro di noi, le nostre Aishà: molte coscienze e vite, di cui noi non sappiamo nulla di più e nulla di meno di quel che ne sa quel qualcuno-che-guarda-gli-specchi.

Non sappiamo dove sentiamo quelle voci dentro di noi: se sia in quel qualcuno che guarda, o intorno a lui, o da sotto, o da sopra. Nei nostri specchi non si vede abbastanza per sapere a chi precisamente appartenga quel che vi si vede. Perciò le persone (e non sono poche) che per un qualche motivo credono fermamente che quegli specchi riflettano tutta la realtà, e che il nostro io sia gli specchi, possono facilmente convincersi che quelle voci non esistano, dal momento che non si può dimostrare che negli specchi ci sia un qualche lembo dell'immagine di coloro da cui vengono quelle voci. Ma, davvero, noi non vediamo abbastanza per poterlo credere.

Possiamo sapere di queste voci solo ciò che esse stesse ci dicono di sé. E, a giudicare appunto da quel che sentiamo da voi, dicevo agli Spiriti, risulta che voi abbiate una libertà di movimento molto maggiore di quella del qualcuno-che-guarda-gli-specchi. Usate le nostre parole e i nostri pensieri, ma li usate per parlare di ciò che negli specchi non vediamo. Potete dirci ciò che negli specchi si vede soltanto in parte, e anche ciò che non si vede affatto – o perché è troppo grande, o perché non è ancora davanti agli specchi, o perché non c'è più. Potete dirci chi siano quelli che passano alle spalle del qualcuno-che-guarda-gli-specchi, e in che direzione vadano...

«Possiamo dirvi in che direzione andate voi» disse l'ex Evangelista.

La direzione del nostro viaggio terreno, del viaggio nella nostra ombra?

«La direzione della vostra felicità.»

La direzione della nostra felicità, diciamo così.

«No, non "diciamo così"» sorrise l'ex Evangelista. «Dico proprio la direzione della vostra felicità.

«Quella è la direzione, il senso vostro. Tu adesso parli di teorie: parlare della felicità è un altro modo di parlare delle stesse cose di cui trattano le teorie. Solo che è meglio ed è più preciso. La felicità, tanto per dire, è l'unica ragione per cui usate gli specchi.»

Non è la vita stessa la ragione per cui guardiamo?

«No, potete benissimo vivere e non guardare. La felicità è la ragione per cui guardate e vi chinate per vedere meglio.»

Cioè, in che senso?

«La felicità è ciò che vi spinge a dare un significato a ciò che vedete negli specchi, e a cercare di scorgervi realtà. È così che fate. Ogni immagine vostra ha un senso solo se ha come scopo la vostra felicità. Questa cosa devi capirla bene, perché è molto importante.»

Comunque il mio modello è valido, in qualche modo? È più o meno così che è strutturato il nostro io, in realtà?

«No. Non è l'immagine dell'io, ma soltanto di quello che il vostro io percepisce.»

E allora com'è, il nostro io?

PARTE SECONDA

«Non c'è il vostro io, per voi» diceva, dice questo mio Spirito, che non si vede, lì nel laboratorio.

Sia lui che gli altri sono ancor sempre aree di non-vedere, accanto a me che siedo su una delle poltrone arancioni. La luce, nel laboratorio, viene dalla vetrata, che dà sulla profondità verdeazzurra del lago, e dalla lampada della scrivania che è sul soppalco. I miei aiutanti stanno sempre giocando a scacchi, seduti a quella scrivania: ed è sempre la stessa partita, perché quella diversa dimensione temporale che c'è lì, come vi dicevo poco fa, è come un solo istante, e anche tutto quel che segue in questo libro ha, in realtà, la durata di un solo istante, sempre presente. Così che se, per esempio, i miei aiutanti accendessero lo stereo che c'è lì vicino alla scrivania e mettessero su qualche cassetta (ne abbiamo molte, Mozart e Beethoven soprattutto, *Shéhérazade* di Rimskij-Korsakov, e così via), tra la prossima pagina e l'ultima pagina del libro ne ascolteremmo soltanto qualche nota – e le note musicali, quando le si ascolta così, diventano immense, come città, vallate, o tratti di mare.

Sembra, a quel che mi dicono i due aiutanti, che anche giocare a scacchi una partita senza tempo e dunque senza fine sia molto piacevole. Mi hanno proposto qualche volta di cominciarne una, ma io a scacchi non valgo gran che.

L'anima e la sua Forma

Le frequenze dell'io. La Forma e le storie.
Come si va alla scoperta della propria anima.
L'adattamento del nostro Aldiqua alla nostra anima.
Le imitazioni inconsapevoli.

1

«Non c'è il vostro io, per voi» dice dunque questo mio Spirito, l'ex Evangelista (e non occorre, d'altronde, che continuiamo a chiamarlo così, dato che con l'Evangelista Giovanni non ha nulla a che vedere. Siccome parla più spesso degli altri Spiriti e ha un indubbio ascendente su di loro, lo chiamerò il *Dominante,* così come ci sono le note dominanti, nei pezzi musicali). «L'io non è mai una cosa che c'è, per voi» continua il Dominante. «*Può* esserci: può cominciare a esserci, potete cominciare a esserlo, ed è per questo che vivete».

Nel senso che possiamo sempre cominciare a scoprirlo?

«Tra scoprirlo ed esserlo non c'è differenza.

«Il vostro io, per voi, è come una frequenza. Si può immaginare così: ciascuno di voi trova una frequenza di se stesso, e quella diventa il suo io, per lui. E da lì comincia a mettere ordine nelle cose che percepisce, e a esplorare questa frequenza, che è sempre molto più grande di quel che sembra».

È una frequenza delle nostre onde cerebrali? Delle onde che ci fanno percepire la realtà in un modo piuttosto che in un altro?

«No. Non sono onde che emettete voi: sono frequenze che esistono di per sé, come il luogo in cui vivete, o come la materia di cui siete fatti e di cui vi nutrite. Voi ne trovate una, di quelle frequenze, e da lì cominciate. Ma è soltanto un'immagine, capisci?

«È la stessa immagine che avete trovato voi quando avete inventato la radio. La radio è una vostra descrizione inconsapevole del vostro io. Una specie di imitazione inconsapevole.»

2

Cioè, noi siamo come un apparecchio radio che si sintonizza su una frequenza, e in quella frequenza cominciamo a esistere?

«Non voi. Ciò che voi chiamate io è quella frequenza, in una fitta-fitta serie di frequenze che si estendono in tutte le direzioni, come lunghi fili. E ciascuno di voi è anche tutti questi fili, tutta questa serie fitta e ampia.

«È talmente ampia che ci sono molti tratti di voi con i quali non potete entrare in contatto in questo universo, perché sono più grandi del vostro universo.

«Per esempio, ti sei mai accorto che a volte tu parli a te stesso attraverso altre persone, magari persone che non conosci affatto e che senti parlare passando, per caso? È perché voi, ciascuno di voi è molto più grande del suo io; ed è anche molto più grande del suo universo, allo stesso modo.

«Questa vastità di voi è ciò che voi, vivendo, cominciate a scoprire e a essere. E tutto ciò che cominciate a scoprire e a essere diventa il vostro io. Perciò non è affatto dentro di voi, il vostro io. Lo percepite come qualcosa che è dentro; ma in realtà ci siete entrati, e vi muovete lì dentro.»

3

«Vivendo, voi percorrete quei fili, quelle frequenze: prima un filo, poi un altro, e un altro ancora, quanto più vi spinge la curiosità di sapere che forma ha questa vostra serie di frequenze tutta intera. Questa curiosità l'avete perché la cosa principale nella vostra vita è proprio scoprire che forma ha la serie di tutte le vostre frequenze. Questa è davvero la cosa più importante, per voi, e dipende tutto da questo. Perciò noi la chiamiamo: la Forma.»

L'intera serie di quelle frequenze?

«Sì. Voi invece la chiamate: l'anima.»

Dunque l'io è una parte dell'anima, un punto nell'anima?

«Sì. Quella che noi chiamiamo Forma è ciò che intendete voi quando parlate dell'anima. Mentre ciò che voi chiamate io è quella parte della vostra anima che si trova nel vostro Aldiqua. È la parte di voi che è nata nel vostro mondo e che vive lì.»

4

Intendi proprio l'anima di cui parlano le religioni, l'anima immortale eccetera?

«Proprio quella. È una delle cose di cui parlate senza saperne gran che, avete idee molto confuse in proposito. E il motivo di questa confusione è che avete sempre cercato di immaginarvi l'anima come una specie di corpo, cioè come una cosa fatta di spazio.

«Invece la vostra Forma, che voi chiamate anima, è fatta di tempo. Da questo punto di vista, più che a una serie di frequenze somiglierebbe a una storia: è come una storia, come la forma di una storia.»

Nel senso che ha un inizio e una fine?

«No. Nessuna storia ha un inizio e una fine.

«La vostra anima è come una storia perché è fatta di tempo. Perciò è eterna, perché è solamente tempo e non spazio.

«E poi perché dici che una storia avrebbe un inizio e una fine? Tutte le storie che voi trovate esistono da sempre: voi non le inventate, voi le trovate; e dopo di voi continuano a esistere per sempre. E nessuna ha un inizio, perché c'è sempre qualcos'altro prima, e nessuna storia finisce mai. Così anche la vostra anima, tale e quale» dice il Dominante, e aspetta che io finisca di scrivere.

5

(Sto infatti scrivendo. Ciò che io chiamo io si trova adesso in due luoghi, come sempre durante queste conversazioni: io sono lì nel laboratorio con gli Spiriti, seduto in poltrona, con le mani infilate sotto le cosce, e sono intanto nella mia stanza, su nella realtà in cui abito di solito, alla mia scrivania, e prendo nota a occhi chiusi cercando di scrivere piano e ordinato, in modo che poi sia leggibile. E gli Spiriti fanno brevi pause tra le frasi, per darmi modo di scrivere tutto).

«...anche l'anima, tale e quale» finisco di scrivere, e subito ricomincio:

«Infatti voi percepite la vostra anima proprio come una storia» prosegue il Dominante «in ogni istante e sotto ogni aspetto.

«Per esempio, quando voi raccontate la storia di qualcuno, la sua storia è ciò che mette in rapporto questo qualcuno con il suo mondo, con l'universo. E anche la vostra anima fa questo, in voi.

«Quando raccontate una storia, cercate di scoprirne il senso, il segreto. Altrimenti perché raccontarla? E così è anche per la vostra anima, che è segreta per voi, perché voi vedete solo l'io e la sua forma fisica.»

6

Cioè, vivendo noi raccontiamo la nostra anima, in un certo senso...?

«Sì, imparate a raccontarla, a vedere com'è. Ed è proprio come fate voi con le vostre storie. Quando ne costruite una, è come se la riempiste. La riempite pensandoci, percorrendola con il pensiero in tutti i sensi. E via via che la riempite dei vostri percorsi, la storia prende forma: come se percorrendola voi scopriste quanto è alta, quanto è larga, e così via.

«E quando l'avete riempita tutta di questi vostri percorsi, allora diventa una storia che potete raccontare. È così che voi costruite le vostre storie, no?»

Sì, all'incirca.

«E più o meno così succede anche nella vostra anima.

«Anche il modo di percorrerla è lo stesso. Per percorrere una storia voi vi ponete domande: che senso ha questo punto della storia? che cosa è meglio che faccia adesso questo personaggio? perché? E ogni domanda è un tratto che percorrete. Così anche nella vostra anima, nella vostra Forma, come diciamo noi. Ogni volta che cercate una risposta a una qualsiasi delle domande che la vita vi pone via via, state percorrendo un tratto anche lì. E anche lì le domande sono: che senso ha questo punto della mia vita? che cosa è meglio adesso? e perché? Domande di questo tipo.»

«Capisci bene questa cosa, perché è molto importante» mi sussurra un altro Spirito, dal tono solitamente cupo, che tra me e me ho sempre chiamato *l'Austero.*

«E tutte le risposte che uno può trovare» continua il Dominante «le trova soltanto nella sua Forma, nella sua anima. Tutte le risposte che gli occorrono sono lì.»

7

Be', è quello che comunemente si chiama conoscere se stessi.

«No, è diverso dall'imparare a conoscere la propria personalità. Conoscere se stessi, come dici tu, vuol dire conoscere le condizioni in cui l'io si trova nell'Aldiqua, ed è un modo di adattarsi al vostro Aldiqua, alla realtà.

«Con la Forma invece succede il contrario: quando cominci a compiere scoperte nella tua Forma, è la realtà ad adattarsi alla Forma.»

Cioè?

«Quanto più uno pone quelle domande a se stesso, tanto più si inoltra nella sua Forma. E allora avviene una cosa molto bella, a vedersi da qui. Ascolta:

«ciò che in voi si pone quelle domande è nel vostro Aldiqua: è ciò che voi chiamate io, è la parte della Forma che si estende nel vostro Aldiqua. Quando vi inoltrate, dunque, nella vostra Forma, nell'altra parte di essa, portate con voi il vostro Aldiqua, cioè tutto quello che conoscete, tutto quello che vivete. E quanto più vi inoltrate, tanto più il vostro Aldiqua si adatta a ciò che state scoprendo lì: tutto quello che vivete e conoscete sulla Terra, nel vostro Aldiqua, si adatta all'altra parte della vostra Forma. Capisci, sì?»

«Se non lo capisci immaginalo» dice l'Austero.

Io lo intendo, molto semplicemente, nel senso che compiere quelle scoperte porta dei cambiamenti nel modo di vivere e di percepire la realtà, come del resto avviene quando si fa qualsiasi scoperta, in qualsiasi ambito. Provo comunque a immaginarlo, come mi consiglia l'Austero: e immagino un lembo di terra che si inoltra nell'acqua.

«No, no» dice l'Austero «il contrario. È come nelle vostre idee sull'evoluzione: come un essere acquatico che diventa anfibio sulla terra, e poi terrestre. Così si adatta il vostro Aldiqua, tutto ciò che vivete. Anche le vostre idee sull'evoluzione sono un'imitazione inconsapevole.»

Tutto ciò che viviamo. Nel senso: tutto ciò che ci succede, tutto ciò che facciamo?

«Certo» dice il Dominante. «Tutto ciò che vi succede si adatta, e obbedisce alla vostra Forma. Mentre se uno non vi entra con le sue domande, la realtà non ha nulla, in lui, a cui adattarsi; e allora è lui che si adegua alla realtà, al suo Aldiqua.»

8

«È quello che avviene sempre alle persone che riescono in qualcosa, che *fanno* qualcosa d'importante e hanno successo, come dite voi» continua il Dominante. «È nella loro Forma che trovano le indicazioni per farlo, sia che se ne rendano conto o no: attraverso le loro domande, trovano quelle indicazioni *là;* ed è il loro Aldiqua che si adatta a loro e non loro al loro Aldiqua.

«E al tempo stesso, è il più grande dei vostri problemi.

«A tutti voi insegnano a cercare le risposte intorno, fuori dalla vostra Forma, e voi vi abituate a cercarle intorno. Così tutte le cose che imparate sono fuori, e per voi imparare diventa uscire e aggirarvi fuori dalla vostra Forma, fuori dalla vostra anima. La maggior parte di voi non fa altro per tutta la vita. E non serve a niente. Quando è così, anche conoscere se stessi, come lo intendi tu, non serve a nulla, perché comunque le vostre domande richiedono tutte che torniate dentro la Forma. È solo lì che capite le cose.»

«E lì dentro è qui dove siamo adesso» dice l'Austero.

9

«Perciò tutte le vostre invenzioni vi parlano di quello che c'è nella vostra anima, nel vostro Aldilà» continua il Dominante «e voi non ve ne accorgete. Vi parlano del vostro Aldilà perché è lì che imparate a fare le cose, è lì che avete le idee, guardandovi intorno lì.»

E se non ce ne accorgiamo è sempre per quelle censure della memoria: perché la memoria si chiude alle nostre spalle, come alle spalle di Orfeo?

«Certo.»

Così la radio, la bicicletta, il motore a scoppio, la penicillina...

«Tutto quanto, sì. Tutte le vostre invenzioni si possono benissimo leggere come imitazioni inconsapevoli di cose che ci sono nel vostro Aldilà: e non soltanto loro, ma anche una quantità di altre cose vostre, che a voi sembrano solamente se stesse. Non appena cercate di capire, di fare o talvolta anche soltanto di usare le cose che avete intorno, finite sempre per imitare qualcosa che c'è nella vostra Forma».

Dicevate che la Forma, l'anima è il nostro Aldilà: nel senso che è l'Aldilà personale di ciascuno?

«E quale altro senso c'è?»

L'Aldilà in generale.

«Non c'è differenza. L'Aldilà di ciascuno è l'Aldilà in generale, e viceversa. Non c'è differenza tra uno e tutti, qui.»

L'Aldilà

L'Aldilà individuale e l'Aldilà di tutti.
La stella dei Magi.
I «gemelli» in altre epoche e in altri mondi.
La Torre di Babele.

1

Cioè tutte le Forme si affacciano su un unico Aldilà?

«Mm. Com'è e cos'è l'Aldilà, per voi è semplice da capire e molto difficile da spiegare. Bisogna andare per gradi. Comincia a immaginarlo così (non è l'immagine giusta, ma tu comincia così): è come un'arteria. E la Forma di ciascuno è come un tratto di un'arteria: e dentro scorre ciò che voi chiamate l'Aldilà.

«L'hai immaginato?»

Certo.

2

«E adesso immaginalo così (questa è già un'immagine più vicina a com'è davvero, ma non è ancora l'immagine giusta): la trama, una trama fitta fitta di vene e capillari. Questa è più o meno l'immagine della Forma di ciascuno, nell'Aldilà. E l'Aldilà è ciò che scorre nelle vene e nei capillari. Riesci a immaginarlo questo?»

Sì.

«Adesso ancora più fitta, immagina dei capillari fitti fitti, come le gocce di vapore acqueo della nebbia: ma unite tutte l'una all'altra, come i capillari. Sì?

«Ecco. Questo somiglia molto alla Forma di ciascuno di voi

nell'Aldilà. E l'Aldilà per voi è ciò che c'è tutt'intorno a questa trama di capillari, e ciò che scorre nei capillari.

«Non è ancora l'immagine reale perché, come ti ho detto, l'anima è fatta di tempo e non di spazio, e questa immagine è spaziale. Ma per adesso può bastare, per te. Poi il resto verrà da sé, intanto che parliamo.»

3
I Magi

Dunque l'Aldilà, se capisco bene, è come un corpo, un sistema circolatorio in cui la forma di ciascuno è una piccola parte?

«No, non aggiungerci altro di tuo. Tieni l'immagine così com'è: siamo soltanto all'inizio. Adesso viene l'altro punto che dicevamo: l'inoltrarsi.

«In quella trama di capillari e di vene che hai appena visto nell'immaginazione, c'è un punto di voi che si muove, seguendo le vie di quei capillari; ma visto da lontano, è come se si muovesse in una nebbia o in strati di nuvole.

«E ciò che si muove, in ciascuna delle vostre Forme, è come una piccola scia di luce, minuscola, che percorre questi capillari, anche i più infinitesimali...»

E quella scia è l'io che si pone le domande, e il suo Aldiqua?

«Sì.»

Come mai è così piccola? L'Aldiqua è tutto il nostro mondo, come può essere tanto più piccolo di un'anima?

«Non c'entra il piccolo e il grande, non c'è lo spazio, lì. Che sia così piccolo significa soltanto che è una dimensione diversa, ed è diversa solo perché ha qualcosa in meno rispetto all'Aldilà, e non perché sia completamente diversa.

«Questa dimensione, la scia, è *un intero* formato dal tuo io che si pone le domande e dal tuo Aldiqua, in cui vivi lì sulla Terra. Comunque il nome migliore che puoi dare a questo intero, per quel che importano i nomi, è: *volontà*. Quella minuscola scia è la forma della volontà, diciamo così.»

La volontà, scrivo.

«È il nome migliore perché si estende a tutto ciò che vivi e tu la guidi e lei ti guida, come succede sempre con la volontà.

«E questa scia è ciò che si muove nella tua Forma, e la percorre e la riempie via via con la propria luce. Tu ti poni le domande e cerchi le risposte: e ogni volta che cerchi una risposta questa scia si muove, lasciando tracce di luce dove passa.»

Ma la scia e la luce sono un'immagine, o sono proprio così?

«Sono soltanto un'immagine.»

«È come vi immaginate la stella dei re Magi» dice un'altra voce, un altro Spirito, dalla voce di bambina. «La stella dei re Magi era questa scia qua.»

Cioè anche la stella dei Magi è un'imitazione inconsapevole?

«È difficile trovare qualcosa che non lo sia, in quello che sapete voi» dice l'Austero.

«I re Magi» dice il Dominante «seguivano un oroscopo, erano astrologi: facevano calcoli con molte stelle e con i pianeti. Voi invece vi immaginate che fosse una stella cometa, a guidarli, perché avete bisogno di esprimere in qualche modo quel che succede nella vostra anima. Ve lo ricordate ma non sapete come dirlo a voi stessi; perciò lo immaginate così. Nei tre re Magi vedete l'io di ciascuno di voi, e nella cometa che portava i Magi verso il Re dei re vedete la vostra minuscola scia che vi porta a spasso per la vostra Forma.

«Ma come sempre, non vi accorgete di vedere quel che vedete. E perciò mostrate questa immagine ai bambini. Perché siete voi, i bambini.»

4

«E anche questa scia ha naturalmente una sua storia.»

Che è la storia della nostra anima?

«La storia delle storie della vostra anima. Ascolta:

«in ciascuno di voi questa minuscola scia ha una sua particolare intensità e una sua sfumatura di luce, che la rendono unica in tutto l'universo. Proprio così come potrebbe essere unica in tutto l'universo una biglia di vetro, o com'è unica in tutto l'universo la sfumatura di luce di Mercurio.»

Del pianeta Mercurio?

«Certo. E questa tua minuscola scia è unica sia nel tuo mondo, cioè nella tua Forma e nel mondo in cui vivi tu ora, sia al tempo stesso in molte altre epoche, nei mondi e nelle Forme di molte altre persone, ciascuna delle quali pensa di essere soltanto se stessa, così come anche tu pensi di essere soltanto te stesso.»

In molte altre epoche passate?

«Passate, future, chiamale come vuoi. In molte altre epoche.

«Comunque: in parte, è giusto che pensiate che ciascuno di voi sia soltanto se stesso. Tu sei te stesso, sicuramente; ma la tua minuscola scia è una sola in te e in quelle altre persone che abitano in altre epoche e in altri mondi.»

Come se avessimo il centro in comune?

«Lascia perdere lo spazio. Non c'è lo spazio, qui, non avete il centro in comune.

«Il tuo io è diverso e lontanissimo dall'io di quelle persone congiunte a te, ma la scia è la stessa, e anche la vostra Forma è la stessa, ed è una sola per te e per queste persone.»

Altre persone di altre epoche e di altri mondi hanno la mia stessa anima?

«Sì, esattamente.»

5

È un'immagine anche questa, una metafora?

«No, questa è reale. È proprio così.

«Tutte le volte che cerchi una risposta alle tue domande, è questa scia che si muove, in te come in loro. E attenzione: non sei *tu* che la fai muovere. È che quando lei si muove, tu senti l'impulso a cercare risposte alle tue domande; e se segui quell'impulso, la scia continua a muoversi, mentre se non lo segui, dopo un po' la scia si ferma.»

E questo, perché?

«Perché è davvero molto simile alla tua volontà. Anche la volontà agisce così, in voi.

«E tutte le volte, dicevo, che tu lasci muovere la scia cercando delle risposte, la scia si muove anche per quelle altre persone, *e viceversa*: tutte le volte che una di quelle persone, nella sua epoca, nel suo mondo, cerca delle risposte, la scia si muove in lei, e in te, e in tutte le altre persone che sono congiunte a lei e a te.»

«Lui fa fatica a pensarlo» dice la voce di bambina.

«Fa fatica perché gli uomini non riescono mai a staccarsi dall'idea che uno sia soltanto se stesso» dice l'Austero.

È vero. Mi piace molto l'idea di questi miei sconosciuti compagni in altre epoche, in altri mondi, che in sostanza provano ciò che provo io: ma se mi metto a riflettere a come siamo congiunti io e loro, provo la stessa sensazione che proverei in un labirinto, nell'incamminarmi per uno dei suoi corridoi senza sapere se sia quello giusto.

6

Ma come faccio a essere anche loro, in pratica? Hanno anche loro la mia stessa vita, le stesse cose che vivo io, nella loro epoca?

«No. Sono te solo per quello che riguarda la tua anima e la tua scia» dice il Dominante. «La direzione e il percorso della scia sono gli stessi, in te e in loro: una sola direzione e un solo percorso in molti mondi differenti, e in molte vite che per il resto sono completamente diverse tra loro. Solo che se tu trovi una risposta, anche loro la trovano. E viceversa.

«In pratica, per te, così come sei ora, ciò significa che non puoi mai sapere se una risposta l'hai cercata e trovata tu, o se l'ha cercata e trovata un altro di questi io legati a te. Nel tuo Aldiqua credi di sapere che sei tu, e ti basta saperlo. Ma nell'Aldilà no.»

E quanti sono questi miei gemelli in altre epoche?

«Gemelli? Non direi gemelli, è qualcosa di più. E quanti siano, come facciamo a dirlo? Voi conoscete i numeri, noi no. Però sono tanti.»

Tanti come gli alberi di un bosco o tanti come i pianeti del sistema solare?

«Tanti come le stelle che vedi quando di notte guardi su per un attimo, senza fermarti a osservarle.»

7

«Guarda che è una storia che sapete già, questa» soggiunge il Dominante, dopo un breve silenzio. «È presente in tante delle vostre storie e delle vostre dottrine...»

Per esempio?

«Nella storia della Torre di Babele. A Babele cominciarono a costruire una Torre la cui cima arrivasse al cielo, non è vero? Volevano portare l'uno fino in cielo. La Torre è un grande uno. E Dio scese, dice la storia, e li disperse in modo che non capissero più la lingua uno dell'altro. Vedi che è la stessa cosa?»

No, non lo vedo ancora.

«Appena l'Aldilà si avvicina a ciò che per te è uno, a tutto ciò che tu chiami "io", "me stesso" e così via, quell'uno non esiste più: diventa tanti, incomprensibili e invisibili gli uni agli altri, sparsi "su tutta la Terra", dice la storia. Noi invece diciamo, più precisamente: in molte epoche e in molti mondi diversi. E l'uno, ciò che tu chiami io, è soltanto la parte di te che non capisce. Mentre la parte che capisce è solo la tua Forma tutta intera, con tutti gli altri tuoi compagni.

«Così è sempre: tutto quello che uno capisce, è la Forma a capirlo, e non lui. Perciò è importante che scopriate com'è fatta la vostra Forma.»

Ed è sufficiente continuare a porsi le domande, per capirlo?

«Sì. È sufficiente vivere e accorgersene.

«È ciò che cercate di far capire a voi stessi, e che non capite, quando parlate della reincarnazione.»

Aggrotto le sopracciglia, anche su nella realtà, alla mia scrivania: *Cioè, quei miei compagni gemelli sarebbero le mie esistenze precedenti e le mie esistenze future?*

«Sì e no, sì e no. Le vostre dottrine sulla reincarnazione sono un altro modo di guardarvi attorno, dalle rovine della Torre, e di riconoscere la storia della vostra anima tutta intera.»

La reincarnazione

La reincarnazione e il tempo.
Il *karma*. La traiettoria delle incarnazioni.
Narratori e attori.

1

«Le vostre dottrine sulla reincarnazione hanno questo di curioso» dice il Dominante: «che vi dicono tutto sulla reincarnazione, tutto tutto, e anche con grande precisione: solo che voi non lo capite nel modo giusto. Così, quando vi insegnate l'un l'altro quelle dottrine lo fate sempre nel modo sbagliato.»

Cioè, sono o non sono sbagliate?

«Di per sé no, nessuna delle vostre dottrine sulla reincarnazione è sbagliata; ma voi ci mettete sempre un errore, sempre lo stesso, che è proprio l'errore opposto a quello che c'è nelle vostre dottrine sull'anima.

«E l'errore è questo:

«Voi pensate all'anima in termini spaziali, e invece l'anima è fatta di tempo. E pensate alla reincarnazione in termini di tempo, come se le vostre reincarnazioni fossero una dopo l'altra, il che invece non è vero.

«Ciò che chiamate reincarnazione dovresti pensarlo proprio in termini spaziali, non temporali. Tutte le reincarnazioni di una persona sono nella sua Forma, *tutte insieme*. Sono appunto i tuoi compagni gemelli, come li chiami tu: in altre epoche del vostro mondo, o in altri mondi, in altre epoche di altri mondi.»

E sono tutte contemporanee?

«Sì.»

2

«Nell'Aldilà non esiste il tempo come lo pensate voi. Ce ne sono talmente tanti altri.»

E quali sono?

«Non hanno nome, per voi» sorride il Dominante. «Ma appena vi affacciate all'Aldilà il vostro tempo scompare, si dissolve subito, proprio come la Torre di Babele: perciò non ha senso pensare che le reincarnazioni di una persona obbediscano al vostro tempo.»

E allora perché dici che le dottrine sulla reincarnazione sono giuste?

«Perché lo sono, a parte questo errore. Per esempio, quando parlate del *karma*, della vostra idea delle ricompense e delle punizioni, voi pensate che in ogni reincarnazione si debba rimediare a qualche mancanza commessa in altre reincarnazioni, e si goda la ricompensa per le buone azioni compiute in altre reincarnazioni.

«Ed è vero, ma lo è in un modo che voi non potete capire fino a che pensate al vostro io come ci pensate di solito. E finché pensate al tempo come se il vostro tempo dovesse valere anche nell'Aldilà.

«Quelle mancanze o buone azioni non sono cose che un io ha fatto in esistenze precedenti. Sono ciò che *durante la vita di un io* unisce ogni sua vicenda, ogni suo momento alle storie dei suoi gemelli, dei tanti altri io che sono legati a lui nella sua Forma.

«E non sono soltanto mancanze o buone azioni, ma molti, moltissimi momenti: momenti che fluiscono o momenti che si sono fermati. I momenti che fluiscono sono le risposte che un io ha trovato o che comunque conosce, e i momenti che si sono fermati sono le risposte che non sono ancora state trovate, a qualunque domanda dell'io o dei suoi gemelli. Questo è ciò che voi sapete, nelle vostre dottrine, ma non vi accorgete di saperlo, e perciò non lo sapete nel modo giusto.»

3

Così quando si dice che uno è stato il tale o il tal'altro in una vita precedente, in realtà non lo è stato in una vita precedente ma coincide adesso con il tale o il tal'altro?

«Sì. Coincide è quasi la parola giusta. Nel vostro tempo è impossibile pensarlo, ma il vostro non è *il* tempo, è soltanto una direzione del tempo. Qui invece riesce più facile pensarci, vero?»

Sì.

«Bene. Adesso immagina così: immagina che la vita di un io sia come una traiettoria...»

Questa è soltanto un'immagine, sì?

«Sì. Come una traiettoria. E ognuna di quelle risposte trovate o non trovate, ognuno di quei momenti che dicevamo, è come se fosse un urto leggero che sposta un pochino questa traiettoria.

«Così, una risposta trovata sposta la traiettoria un pochino più a destra, un'altra un pochino più giù, di qua, di là; una risposta mancata la sposta ancora un pochino più su, e così via. E così questa traiettoria cambia continuamente, per lo più impercettibilmente, di momento in momento.

«E ogni io esiste per una sola incarnazione.»

Per una sola vita?

«Sì, quando muore, muore, direste voi: si chiude, e tutte le sue risposte e non risposte, tutte le sue mancanze e le sue buone azioni muoiono con lui.»

No, un momento. Voi avete detto che nella Forma di una persona ci sono anche le sue reincarnazioni passate: che ci sono adesso. Ma se sono passate, sono vite già finite, persone già morte.

«No. Noi abbiamo detto che ogni vostro momento è unito a un momento dei vostri "gemelli", come li hai chiamati tu. Così anche il momento della morte. Quando muoiono loro, muori anche tu.»

«Il tempo è diverso da come lo conoscete voi» dice l'Austero.

«Invece quella traiettoria non scompare» dice il Dominante. «Rimane nello Spirito che in quell'io si era incarnato...»

Uno Spirito come voi?

«Certo, uno di noi. La traiettoria rimane in lui, dissolta in lui. E quando questo Spirito nascerà ancora, riprenderà quella stessa traiettoria, nel tornare nel vostro mondo: e lungo quella traiettoria si impiglierà in alcuni fili di quella trama fitta che sai. In alcuni si impiglierà e in altri no, a seconda, appunto, della traiettoria.»

E nel frattempo, tra la morte e la nascita?

«Nel frattempo niente. La traiettoria scompare in lui, nel frattempo, e non sa più di averla, non ci pensa più. Solo quando nasce, la ritrova.»

4

«Questa è un'immagine abbastanza precisa di com'è in realtà. Ma ripeto, è solo un'immagine.»

Un insieme di linee, di incontri, di nodi... E ogni esistenza è questo insieme di linee e di incontri?

«Sì. E ogni anima, ogni Forma è la storia che riunisce tutte queste linee e questi nodi e incontri che ci sono in un'esistenza, come dici tu. Perciò avete sempre avuto un grande bisogno di raccontare e di ascoltare le storie: per esprimere ciò che siete. I tanti gemelli che sono in voi.»

«Anche di recitare» dice l'Austero.

«Anche di recitare» dice il Dominante, «di dar forma a personaggi, insomma. I vostri narratori e i vostri attori sono quelli che sentono di più questo aspetto di voi, si sforzano di esprimerlo: lo mimano. Mimano le storie che riempiono la vostra Forma e le usano come reti».

Come reti?

«Sentono quell'insieme di linee, di incontri, di nodi e fingono di usarlo come un pescatore che getta le reti: così lo esprimono loro. Fanno proprio il gesto di tirare le reti, e di trascinarle a riva. E pescano storie di altri io. È così che trovano le loro storie. Visto dall'Aldilà, è così.»

5

Provo a immaginarlo, e davvero l'immagine si forma subito: l'anima come una rete, e il narratore o l'attore che immaginano di usarla.

È così davvero? Davvero lo vedete in questo modo?

«Ed è molto bello da vedere» dice l'Austero.

«È toccante, sì» dice il Dominante. «È un gesto immaginario, finto: è questa la parte toccante. Voi, lì, vivete in un mondo che è tutto molto falso, a cominciare dal tempo che secondo voi va in una sola direzione. E questi che fingono di usare le reti contrappongono la loro finzione alla falsità, in uno sforzo di uscire dalla falsità.

«È la forma più semplice dell'arte. È nostalgia; ed è la cosa più bella che potete fare lì: contrapporre una finzione alla falsità. Capita anche a chi non ha sviluppato nessun talento artistico; capita nei sogni, nei pensieri, nelle fantasie, o anche soltanto in certi modi di guardare, quando siete soprappensiero: fate quel gesto di gettare reti e di pescare storie, perché in quei momenti sentite com'è fatta la vostra anima.

«Capita a tutti perché in tutti c'è questo impulso a fingere, a creare: a far essere e far crescere cose che non potete contenere nella falsità, e per le quali occorre la finzione.

«È come un pozzo che non può contenere la sua acqua perché ne ha troppa. È molto, molto importante, questa cosa.»[1]

Il pozzo e il fiume

L'arte e l'Aldilà. Le religioni.
Ciò che sopravvive dell'io alla morte.
Paradiso e inferno.

1

«E sai perché è molto importante, questa faccenda della finzione e del pozzo?» dice il Dominante. «Perché è ciò che per voi sono l'inferno e il paradiso.»

Nel senso che l'inferno e il paradiso sono nostre finzioni?

«No, no. Tutt'altro. Anche qui bisogna che immagini, altrimenti non ti ci puoi avvicinare in nessun modo. Immagina un pozzo in mezzo a un fiume: come una sorgente in fondo a un fiume, e la sorgente è il pozzo.

«L'acqua che è nel pozzo è ciò che per voi è falso, nel vostro mondo. Cioè più o meno tutto quello che sapete lì, e il modo in cui lo sapete. Questa è l'acqua che è *nel* pozzo. È la stessa acqua che scorre nel fiume, tale e quale, ma nel pozzo delle vostre percezioni diventa falsità. Ci siamo fino qui?»

2

Il pozzo è l'io?

«Il pozzo è l'io, che si fabbrica le sue percezioni.

«E quando riuscite a fabbricarne di più grandi di voi, più grandi di quel che il pozzo può contenere, l'acqua esce dal pozzo e assume talvolta forme bellissime, nel fiume. E queste forme sono ciò che chiamavamo la finzione.»

È l'arte.

«Sì, anche. E fin dove arriva questa vostra acqua, arriva anche ciò che voi siete, lì.»

E come si fa a distinguere l'acqua del pozzo da quella del fiume, se è sempre la stessa acqua?

«Noi ci riusciamo benissimo, e per voi è ancora più facile, perché per voi il problema è proprio l'opposto: il problema per voi è come vedere l'acqua del fiume, dato che voi il fiume non lo vedete affatto.»

«Voi non lo vedete, il fiume» dice l'Austero.

«Voi lì riuscite a vedere solo l'acqua che è nel pozzo e quella che ne esce» continua il Dominante. «Così vedete quest'acqua che sale e non capite perché. Gli artisti, gli attori, i mistici ne capiscono un pochino di più: neanche loro vedono il fiume, ma intuiscono qualcosa, e perciò in quell'acqua che sale riescono a vedere le larghe reti che dicevo, e si immaginano di usarle, per pescare cose nel fiume.

«Tanti altri invece, la maggioranza di voi, non capiscono proprio come sia possibile che quest'acqua salga e prenda forme strane sopra il pozzo. Quando lo vedono non capiscono cos'è e perché c'è. E in genere si sentono inquieti, ostili».

Come quando uno guarda un quadro e non capisce a che cosa serva un quadro.

«Certo. Così succede anche con i sogni, con le fantasie, con il vostro modo di guardare, e con gran parte del vostro pensare, quando la vostra attenzione interiore è più intensa e più sottile. In tutte questa attività succede spesso che l'acqua salga oltre il pozzo, e prenda forma; e ciò suscita sempre un'inquietudine ostile, nella maggioranza di voi.

«Perciò, di solito, la maggioranza di voi si affretta a costruire muri intorno a queste forme d'acqua e li usa per due cose: per spiegare in qualche modo a se stessi come mai l'acqua stia salendo più su del pozzo e per non vedere più quell'acqua e le forme che assume.»

E i muri cosa sono?

«Sono i nomi e sono tante cose che si possono costruire con i nomi. Le teorie, per esempio. Quando poi un gran numero di persone trova consapevolmente un accordo per costruire insieme qualche muro – quando cioè le forme che l'acqua assume diventano molto ampie, e molto preoccupanti per loro – le costruzioni di quei muri possono risultare anche molto elaborate: e diventano, per esempio, religioni.»

Cioè, quando è un mistico che produce quelle forme, i muri che gli si costruiscono intorno diventano religioni?

«Un mistico o un artista o un attore. Non c'è grande differenza, la natura di quelle forme è sempre la stessa. La Bibbia e i Vangeli hanno forme di finzione che puoi benissimo chiamare arte, e l'*Iliade* e l'*Odissea* sono testi sacri proprio come la Bibbia. E i profeti sono sempre attori.»

«Quei muri diventano sempre religioni, in un modo o nell'altro» dice l'Austero. «Ciò che li tiene insieme è sempre la fede che c'è nelle religioni, anche quando è uno solo a costruirla, soltanto per sé.»

«Riesci a immaginare questo che diciamo?» mi domanda il Dominante.

3

E il fiume cos'è? È sempre l'Aldilà?

«Sì, anche. Sostanzialmente sì.»

E precisamente, cos'è?

«Cos'è precisamente non lo capiresti in nessun modo, adesso.

«Posso solo dirti cos'è il tratto di fiume intorno al pozzo: è ciò che sopravvive di voi, quando morite. È ciò che si reincarna di voi, diciamo così, ed è quel che fluisce intorno a ciò che si reincarna di voi. Intorno, e attraverso.»

Ed è un tratto molto ampio?

«Molto ampio: il fiume è molto largo e profondo. Per ciascuno di voi come siete lì sulla Terra, quel tratto di fiume intorno al pozzo è indubbiamente il vostro Aldilà. È lì che voi uscite, quando uscite nell'Aldilà per conversare con noi, e lì vi si aprono le vie verso tanti altri mondi e tante altre epoche.»

È la Forma?

«No, la vostra Forma è ancora più ampia. Te l'ho detto: quel tratto del fiume in cui voi riuscite a giungere con le forme che create, è ciò che *di voi* si reincarna. Di voi come siete lì, durante una vostra vita.»

Cioè, è ciò che c'era prima che noi nascessimo, e che non muore quando moriamo noi?

«No, queste sono due cose diverse tra loro.

«Ciò che c'era prima che voi nasceste, e che c'è in voi quando vivete e rimane dopo la morte, è lo Spirito. Ed è ciò che non cambia: lo Spirito è ciò che non cambia, e non ha niente a che fare con la morte.

«Mentre ciò di cui dici: "Non muore quando moriamo noi" è ciò che di voi si reincarna, ed è una parte del vostro io, la parte che è riuscita a uscire e a prendere forma fuori dal pozzo.»

Quindi ciò che esce dal pozzo si reincarna e ciò che è nel pozzo no?

«Proprio così.»

4

«E perciò prima dicevo che è il vostro inferno e il vostro paradiso. La religione che sente di più questo fatto è il vostro cristianesimo più ordinario, quando dice che chi muore va all'inferno o in paradiso e lì rimane fino alla fine del tempo.

«In questo ha ragione: il vostro io che è nel pozzo, quando morite rimane dov'è, fermo fino alla fine del tempo, che per voi non finisce mai. Quando morite il pozzo si chiude, e dell'io che c'era lì dentro resta solo la memoria di quel che ha fatto. Rimane negli altri, e nient'altro.»

Nient'altro.

«Nient'altro. I cristiani dotti che vi hanno spiegato in questo modo il paradiso e l'inferno sapevano bene che non è affatto così in realtà, ma sapevano altrettanto bene che così è fino a che voi pensate di essere ciò che siete nel vostro pozzo. E siccome erano sicuri – e avevano ragione a esserlo – che la maggior parte di voi avrebbe faticato moltissimo a pensarla diversamente, hanno insegnato *a voi* che *per voi* la reincarnazione non c'è. E per voi questo è vero, per ciò che in voi è lì dentro e non ne esce.»

5

Dunque la nostra possibilità di reincarnarci dipende dal nostro modo di capire quello che succede dopo la morte? E quanto più uno capisce, tanto più sopravvive alla morte?

«No, il contrario: quanto più uno diventa le forme che escono dal pozzo, tanto più può capirne qualcosa.

«E in quelle forme la cosa importante per voi non è più il capire, ma il creare e il vivere. Così, ciò che voi arrivate a creare, ciò che di voi riesce a vivere nel fiume (cioè nel vostro Aldilà) durante la vostra vita, è quel tanto di voi che si reincarna. E ciò che di voi rimane nel pozzo, cioè nel vostro Aldiqua, non si reincarna e quando morite scompare per sempre.

«Così, se uno non riesce a creare e a vivere fuori del suo pozzo, nulla di ciò che lui è stato sopravvive: solo lo Spirito che c'era in lui prosegue per la sua strada, e ben presto si dimentica di lui, come se non ci fosse mai stato.»

E questo Spirito è uno Spirito come voi?

«Sì.»

6

E, tanto per sapere, in quell'immagine dell'io che avevo descritto nella prima parte, lo Spirito dove verrebbe a trovarsi? È in quello che guarda gli specchi, o è dietro di lui?

«È dietro di lui.»

Quindi è nell'io ma non è l'io cosciente?

«Sì. Voi invece non fate differenza tra lo Spirito e il vostro io cosciente. Adesso, per esempio, la gente crede sempre di più alla reincarnazione; ma ci credete per sentire di più voi stessi, il vostro io cosciente. Per dargli più importanza.

«Pensate che le reincarnazioni siano state altre puntate della vita dell'io che siete adesso, e dite: "Io sono stato quello, io sono stato quell'altro, in altre epoche". E non è vero.

«L'io cosciente è soltanto nel pozzo e non si reincarna affatto, muore e non esiste più nel presente. Ciò che di voi esce dal pozzo, non direbbe mai *io* sono stato quello, *io* sono stato quell'altro, a meno che non gli occorra dirlo per una qualche sua finzione. Vede il pozzo se guarda giù, ma preferisce guardarsi intorno.»

7

Dunque, riepilogando: c'è questo grande fiume, e nel fiume c'è un ampio tratto che è la Forma di ciascuno di noi, e in questo tratto c'è un'area che corrisponde a ciò che si reincarna del nostro io, e in fondo a tutto questo c'è il pozzo, che contiene ciò che del nostro io non si reincarna. È così?

«Sì. Con le torri intorno all'orlo dei pozzi.»

E l'area che è occupata dallo Spirito, quanto è grande? Fin dove arriva, se la volessi disegnare?

«Lo Spirito non ci sta in questa immagine. Se tu provassi a disegnarla, sarebbe la carta su cui disegni e tutta la carta che esiste sulla Terra. Perciò ho detto che è dietro quello che guarda gli specchi: ovunque si volga il vostro io cosciente, lo Spirito è sempre dietro la sua nuca.»

«È in un'altra dimensione, direste voi» dice l'Austero.

«Mentre per voi il punto principale è l'orlo del pozzo. Lì si gioca la vostra vita e la vostra morte» dice il Dominante.

«Lì avete la vostra *chance* di non morire quando l'io muore» dice una voce femminile, che parla molto di rado e che, a giudicare dal tono, sembrerebbe la voce di una donna molto bella.

«Oh, grazie.»

E ciò che non muore dell'io, si ricorda cos'è stato... sì?

«Sì, ma non è un ricordare» spiega il Dominante. «Lì fuori il tempo non c'è più, dunque non è un ricordare come lo intendete voi.»

E com'è?

«Non c'è fretta di saperlo. Pian piano ci si arriva, piano piano.»

Riguardo a quei ricordi

Da qui la conversazione prende un'altra piega, e i miei coautori passano a parlare di alcune strutture del tempo e soprattutto dei desideri, nella giustificata convinzione che la realizzazione dei desideri sia un argomento in grado di distrarre da ciò di cui qui, in fondo allo scorso capitolo, non vogliono parlare.

Anche con me, per molto tempo, non hanno voluto parlare dei ricordi delle loro precedenti esistenze. E se insistevo e se, per incoraggiarli, provavo a immaginare le loro esistenze e a raccontarle a me stesso, mi prendeva sempre un tale senso di sgomento e di smarrimento che non so spiegare altrimenti se non come un «no, smettila» particolarmente deciso.

Quando poi hanno cominciato a raccontarmi i loro ricordi, ho capito le ragioni di tanto riserbo. Ciascun individuo ha i suoi Spiriti guida, e prima di nascere sulla Terra era uno di loro, legato a loro da vicende intense vissute insieme, oltre che, naturalmente, da profonde affinità; e per la particolare natura del tempo, in quel mondo senza passato che è l'Aldilà, parlare di queste vicende *equivale* a ritrovarle, a riviverle: e riviverle richiede un lungo viaggio di là dalla porta in fondo al laboratorio, e al di là delle trame che legano l'io ai suoi compagni-gemelli.

E questo perché, precisamente? domandavo io, durante quei ricordi-ritorni. *Allora in qualche modo esiste il passato, anche qui?*

«No. È il passato di un mondo che non ha il passato. Non si tratta del passato, sono altre frequenze.»

Altri mondi?

«No, altre frequenze, e a noi non occorrono più, né a noi né a te. Sono come quei ricordi, che puoi guardare senza sentire più alcun legame con essi. Ti ci riconosci, ma sono ricordi ormai tutti aperti, che non contengono e, soprattutto, non nascondono più nulla che non sia già del tutto consapevole dentro di te.

«Così è per i ricordi di quelle frequenze dove ci siamo conosciuti e dove avevamo vissuto insieme. E perciò non c'era nessuna fretta di farteli sapere: primo, perché non contenevano nulla che ti aiutasse a capire qualcosa, e secondo, per la fatica del viaggio fin là. Il viaggio sì è utile, di per sé. Ma bisogna esserci preparati prima.»

E di questo abbiamo già parlato.

Il tempo dei desideri

Le molte direzioni del tempo, e il loro irradiarsi dall'io. I desideri e l'Aldilà.
Il salire e l'ampliarsi dei desideri. I voti monastici.
L'accelerazione della crescita interiore.

1

«Comunque, non è che da voi ci sia il tempo e da noi no.

«Da voi c'è *un problema* che voi chiamate "tempo", e che amate moltissimo perché l'avete inventato voi. Questo problema dice: può esistere un luogo in cui valgano soltanto due punti cardinali.»

Non può esistere.

«Certo che no. Quando immaginate che il tempo abbia due sole direzioni – il passato da una parte e il futuro dall'altra – è come se immaginaste un luogo che ha solo l'est e l'ovest. È un problema senza soluzione e senza senso.

«Invece voi pensate che non sia affatto un problema, ma che sia una grande risposta a tutto l'universo. E perciò per voi tutto diventa così problematico e faticoso: se delle innumerevoli direzioni che esistono ne lasciate due sole, come fate a capire dove siete e dov'è tutto ciò che vi circonda? Non si può. Dovete per forza sforzarvi di riportare tutto a quelle due direzioni. E puoi immaginare una cosa più inutile di questa?»

Invece, dicevamo prima, il tempo ha molte direzioni?

«Tante quante ne ha lo spazio.

«Non c'è differenza tra tempo e spazio: sono solo due punti di vista sulla stessa cosa. Se immagini la Terra vista da lontano ti accorgi subito che tempo e spazio sono la stessa cosa:

la Terra gira e il tempo passa. Un'ora, due ore, un giorno, un mese: a seconda del girare della Terra nello spazio, su se stessa, da ovest a est. E quella è *una* direzione del tempo e dello spazio. Ma c'è anche il nord e il sud, il nord-est e il sud-ovest, e tutti i gradi intermedi, nel tempo come nello spazio. Voi non vi spostate tutti quanti da ovest a est soltanto, come la Terra, non è vero? E anche i vostri pensieri e sentimenti non si spostano soltanto da ovest a est.»

2

Quindi il tempo, in realtà, può anche andare in tutte le direzioni, così come noi andiamo in tutte le direzioni?

«Questo è un modo sbagliato di pensare una cosa giusta. Quando domandi se il tempo può andare in tutte le direzioni stai sempre pensando al vostro tempo, a quella specie di ferrovia senza ritorno che immaginate voi. Lascia perdere e ascolta bene.

«È proprio come per lo spazio. Il vostro spazio non *va* verso i punti cardinali: *voi* ci potete andare, se volete. E cosa succede quando ci andate: se parti da qui, da Milano, e vai verso est... La vostra terra è rotonda, dunque se tu continuassi ad andare sempre verso est, a un certo punto torneresti qui da ovest. E se continuassi ad andare sempre verso quello che da qui dove sei chiami nord, a un certo punto torneresti qui da sud. Non è vero?»

E lo stesso capita anche con il passato e il futuro?

«No, appunto: perché la vostra realtà non è tonda e perché voi non siete sulla superficie della realtà. Per voi a un certo punto tutte le direzioni finiscono, il vostro est, il vostro ovest, il vostro passato, il vostro futuro...

«A un certo punto finiscono, proprio come i raggi di una ruota. Al centro della ruota ci sei tu, e il cerchio della ruota è la porzione di spazio, o la porzione di tempo, in cui senti di essere. Più o meno così come senti di essere un io.»

E quel cerchio è il confine del mio io?

«Esattamente.»

E intorno cosa c'è?

«Quello che c'è dentro. Appena fuori da quel confine tutte le direzioni finiscono, e non ci sono più spazio e tempo di nessun genere: dunque non ci sono più neanche il fuori e il dentro, il prima e il poi. Capisci questo?»

3

No.

«Allora immaginalo. Immagina un orizzonte in cui non ci sia più né lo spazio né il tempo e nessuna direzione...»

Be', è difficile.

«No, è lo sfondo di ogni vostro pensiero o immaginazione o desiderio. Immagina il cielo e le nuvole: sei in mezzo alle nuvole e non c'è più niente intorno che ti dica dove sei, e dov'è l'alto e il basso. Da cosa puoi sapere dov'è l'alto e il basso, e la destra e la sinistra?»

Da me stesso.

«E la stessa cosa succede nell'universo. Tu sei il centro della ruota e irradi tutte le direzioni esistenti, nello spazio e nel tempo.

«E se scendi dal cielo sulla Terra, hai a che fare con le direzioni irradiate da tutte le persone che abitano lì. Se invece sali, quanto più sali tanto più senti di essere tu a irradiare le tue direzioni. È così difficile da capire?»

In questo modo no, ma...

«È la stessa cosa che succede quando guardate ai vostri desideri. Quando siete tutti immersi nel vostro Aldiqua, avete a che fare con i desideri degli altri, e li confondete con i vostri. Invece, quanto più salite dentro di voi tanto più riuscite a vedere i desideri vostri.»

E i desideri sono come le direzioni?

«No, sono quello che vedete in tutte le direzioni che irradiate intorno a voi. Sono il modo migliore per accorgervi delle direzioni del tempo.»

4

Cioè, in che senso? domando, dopo averci riflettuto per qualche istante.

«Nell'unico senso possibile. Ogni volta che guardate ai vostri desideri, li vedete arrivare da tutte le direzioni del tempo: dal passato, dal futuro, e da tutte le altre direzioni per le quali voi non avete nomi. E quello è il tempo vero, lì dove vedete i vostri desideri.»

È un tempo soltanto interiore.

«No, perché? Il tempo è uno solo, dentro e fuori. Tutta la realtà è una sola, dentro e fuori è sempre la stessa.»

Ma i desideri sono cose che non esistono ancora nella realtà: non sarebbero desideri, altrimenti...

«No no no, così sei molto, molto lontano da com'è davvero. È il contrario. Voi li potete desiderare perché esistono: se non esistessero non li potreste desiderare. Desiderio è il nome che date al momento in cui li vedete arrivare verso di voi.»

Nell'Aldilà?

«Nell'Aldilà soltanto perché il vostro Aldiqua si è isolato nella stramba idea che avete voi del tempo.»

«Il ragazzo non sa che cosa sono i desideri» dice l'Austero.

5

«Infatti» dice il Dominante. «Allora ascoltami bene.

«Hai notato, per esempio, che dopo un po' che uno conversa con gli Spiriti i suoi desideri diminuiscono?

«Per prima cosa diminuiscono i desideri sessuali. Poi anche gli altri, via via. Questa è la ragione per cui i vostri monaci devono prendere i voti, in tutte le vostre religioni: castità, povertà e obbedienza. La castità è per i desideri sessuali, la povertà per quelli economici e l'obbedienza è per dar modo al monaco di desiderare qualcosa, perché l'uomo non può non desiderare; ma il voto dell'obbedienza gli consente di desiderare soltanto desideri altrui, desideri che altre persone impongono al monaco sottoforma di ordini. Capisci perché è così?»

Per umiltà?

«No. È perché in tutte le vostre religioni vi siete accorti da millenni che succede sempre così: quando uno si dedica alla sua anima, ha la sensazione che la sua capacità di desiderare diminuisca.

«E questa diminuzione dei desideri c'è appunto perché chi si dedica alla propria anima sale, dentro di sé. Come un aereo che sale. E come fa un aereo a salire?»

Accelera.

«Lo fate accelerare. E lo stesso succede dentro di voi. Puoi immaginarlo come un fenomeno fisico: quanto più vi dedicate alla vostra anima, tanto più la vostra crescita interiore accelera, la vostra scia si muove più in fretta e, accelerando, sale.

«E quanto più la vostra scia sale, tanto più voi desiderate.

«Questa è la chiave di tutta la questione.»

6

«E questa è la ragione più importante per cui i vostri monaci prendono i voti: perché altrimenti avrebbero desideri troppo grandi.»

E allora perché dici che a un certo punto diminuiscono?

«È un momento della vostra crescita interiore. Tutte le volte che vi dedicate alla vostra anima, la scia e la vostra crescita accelerano: voi salite più in alto, e all'inizio avete la sensazione che i vostri desideri diminuiscano.

«In realtà non sono tutti i vostri desideri a diminuire, ma soltanto quelli con cui avevate a che fare quando eravate più giù: mentre salite, se guardate verso il basso, li vedete diventare sempre più piccoli e insignificanti. Se invece vi guardate intorno, salendo, scorgete desideri più vasti e liberi, più grandi: li vedete arrivare da tutte le direzioni del tempo, ampi come le nuvole viste da vicino quando salite con l'aereo, mentre prima li vedevate come le nuvole viste da lontano, dal basso.

«È inevitabile. Quanto più si sale, tanto più si desidera. Dedicarsi alla propria anima, far muovere la propria scia significa porsi domande e cercare risposte: e il desiderare è proprio questo, un porsi domande – che cosa voglio? che cosa amo? – e un cercare risposte. E quando cominci a salire davvero, non ti bastano più le risposte che avevi imparato da altri. I desideri che si hanno quando si è lì in basso, sono appunto desideri altrui: desideri che imparate da altri uomini, i quali li hanno imparati a loro volta da altri, i quali li hanno imparati da altri ancora, i quali li hanno imparati da qualcuno che era salito in alto, ma non li hanno capiti bene. E questi sono i desideri che rimangono indietro e scompaiono.»

Allora i voti che frenano il desiderare nei monaci servono a fermarli nella loro ascesa interiore?

«Servono a frenare l'accelerazione della loro crescita. Se continuassero a salire, i vostri monaci si accorgerebbero di avere desideri sempre più grandi, e ciò potrebbe causare molto disordine nelle loro religioni e in generale nel vostro Aldiqua. Così li si frena nella fase iniziale della loro salita, non appena i loro desideri diminuiscono: e li si tiene fermi lì. Se fermi i desideri, anche la crescita smette di accelerare, e non sali più.»

E in che modo i desideri potrebbero causare disordine?

«Te l'ho già detto: perché i desideri sono cose che esistono; e se continuassero a crescere e a desiderare, i monaci vedrebbero troppe cose che esistono, sottoforma di desideri. E queste cose si realizzerebbero: loro le realizzerebbero molto facilmente, nelle condizioni in cui vivono. Quelli che chiamate desideri sono cose che stanno venendo verso di voi da tutte le direzioni del tempo, e desiderare è vederle. E tra vederle e realizzarle c'è un passo soltanto.»

7

«Dalle infinite direzioni del tempo quelli che voi chiamate desideri arrivano in continuazione, in continuazione verso il centro della ruota, che è il vostro presente.

«Proprio come le nuvole in cielo: prima di cominciare a salire le vedete dal basso, lontane lontane, e vi passano sopra, e voi non le desiderate, non le raggiungete, e la maggior parte di voi non le guarda nemmeno. Ma via via che la vostra accelerazione aumenta e voi salite, imparate a vederle, e a raggiungerle.»

Ed è sufficiente accoglierle, perché i desideri che ci sono in quelle nuvole si realizzino?

«Sì. È sufficiente vederle e andar loro incontro.»

Quindi se la crescita interiore di una persona accelera continuamente, questa persona diventa onnipotente?

«Sì, più o meno. Si realizzano tutti i suoi desideri, direste voi.»

E com'è possibile?

I desideri

La realizzazione dei desideri.
Perché la crescita rallenta. Gesù e Aladino.
I gradi dell'accelerazione.
La funzione della coscienza nella realizzazione
dei desideri.

1

«Sempre ponendosi domande e cercando risposte: questa è la base, e viene consolidata da qualsiasi disciplina spirituale, volontaria o involontaria, che abitui a guardare nella propria forma e a cercare lì le risposte.

«La preghiera va benissimo. Il parlare con noi va altrettanto bene e non è frenato. Il meditare va bene. Anche lo studiare qualcosa, se ti interessa molto e ci dedichi molto tempo. Ballare va bene.»

Ballare?

«Certo, è una disciplina spirituale molto efficace. Poi ci sono le discipline involontarie, le vocazioni, diciamo: tutte le forme di amore, dall'amore per le opere d'arte fino agli amori impossibili. Sono tutte forme di accelerazione della crescita spirituale.»

Cioè, un ateo che si butta in un amore impossibile o che diventa un grande ballerino otterrebbe lo stesso risultato di un mistico che prega molto?

«Se il mistico prega bene e resiste bene alla fatica, sì: il risultato è lo stesso, in termini di crescita interiore. Certo, molto dipende dalla persona: alcuni, con un innamoramento senza speranza, riescono a ottenere accelerazioni meravigliose, che molte persone devote non otterrebbero mai con la preghiera.

«E quando, nel corso di queste accelerazioni, ti accorgi anche di desiderare, cioè apri bene gli occhi salendo, allora ciò che desideri comincia ad avverarsi, sempre per dirlo come lo dite voi.

2

Perciò alcune preghiere vengono esaudite e altre no? Dipende dall'accelerazione che si è raggiunta, e dal desiderare?

«Sì. Le preghiere, i desideri, gli ordini ai tuoi aiutanti nel laboratorio, qualunque cosa uno si accorga di desiderare.

«Di solito, le prime volte che uno si accorge di desiderare a questo modo, i suoi desideri si realizzano sempre. Quando per esempio ti hanno insegnato a dare ordini ai tuoi aiutanti, i primi ordini che hai dato si sono realizzati, sì?»

Sì, il parcheggio e un altro paio di cosette.

«Succede sempre così, perché il desiderare è davvero un accorgersi. E dipende tutto da cosa succede in te quando te ne stai accorgendo. Senti l'accelerazione della tua crescita, senti che stai crescendo nella tua anima, e questo ti dà gioia e ti spaventa. Le prime volte la gioia e la novità sono più forti dello spavento, e l'accelerazione continua sotto la loro spinta.

«Poi per lo più lo spavento prevale. Vi fa paura l'accelerazione, perché non sapete cos'è; e non sapete come mantenerla e come aumentarla, e vi sembra di andare troppo veloci per riuscire a capirlo. Così rallentate, e scendete un po', invece di continuare a salire. Desideri ne sentite o ne immaginate ancora, magari vi sforzate di immaginarli e pregate o date ordini perché si realizzino: ma l'accelerazione sta diminuendo, e perciò non si realizzano più.

«Oppure fate l'errore che compiono quasi tutti all'inizio: sentite intensamente un desiderio e correte avanti, verso la sua realizzazione nel vostro Aldiqua. Correte *giù*, cioè: è quella che voi chiamate ansia, avidità. E anche in quel caso la vostra ascesa si interrompe, l'accelerazione cessa e il desiderio non si realizza.»

3

E questo come si può evitare ?

«Semplicemente continuando a fare quello che facevi prima per accelerare la tua crescita. Se pregavi in un certo modo, continua a pregare in quel modo. Se parlavi con noi, continua a parlare con noi, e così via. Quando senti quell'ansia, basta che continui a fare quello che facevi prima, e dopo un po' l'ansia passa, e l'accelerazione non si ferma. È tutto qui. È proprio come dice Gesù nei Vangeli.»

> Io vi ho scelti e vi ho preparati perché andiate e portiate frutto e il vostro frutto rimanga: e perché tutto ciò che chiederete al Padre nel mio nome, ve lo conceda.
>
> [*Giovanni* 15, 16]

> Se rimanete in me e le mie parole rimangono in voi, chiedete quello che desiderate e vi sarà dato.
>
> [*Giovanni* 15, 7]

> In verità vi dico: se uno dicesse a questo monte «Togliti di lì e gèttati in mare», e non dubita in cuor suo e crede che quel che dice avverrà, ciò gli sarà accordato. Perciò vi dico: tutto quello che domandate nella preghiera, abbiate fede di averlo ottenuto e vi sarà dato.
>
> [*Marco* 11, 23]

Questo succede quando si accelera e si sale?

«Sì. Chiedere nel mio nome e chiedere in me significa non aver paura dell'accelerazione e non lasciare che la paura la fermi. È come se Gesù dicesse: ci sono io con voi, state tranquilli. Chiedere con fede vuol dire chiedere senza ansia, senza voler correre giù a vedere. La fede di cui parla Gesù è esattamente il contrario dell'ansia, sempre. E chiedere tutto vuol dire chiedere e continuare a desiderare ancora, altre cose, senza fermarsi mai. È questo che Gesù dice qui.»

E perché nessuno insegna queste cose? Perché quando qualcuno insegna una tecnica di preghiera, non insegna anche a mantenere e ad aumentare l'accelerazione?

«Perché questo gli uomini non riescono a insegnarlo. Noi possiamo farlo, ma gli uomini si smarriscono, quando ci provano: hanno paura, dell'accelerazione stessa, di se stessi, o anche soltanto delle conseguenze... Quel che ne capiscono riescono a dirlo soltanto nelle loro storie, nella storia di Aladino, per esempio. Ma non sono in grado di insegnarlo.»

Aladino?

4
Aladino

«Sì, ti ricordi com'è.

«Aladino viene condotto dal mago nella caverna. La caverna, naturalmente, è il suo Aldilà: la sua Forma, la sua anima. Il mago non ci può entrare, perché è un mago nero, un mago dell'Aldiqua: sa le cose soltanto in teoria, ma non è capace di uscire dai suoi nomi, neanche dal suo nome, e di entrare nell'Aldilà...»

Cioè? I maghi neri non...

«I maghi neri sono le persone prigioniere dei nomi e del proprio nome. Sono quelli che non riescono mai a uscire e che non vogliono uscire. Così, qualunque cosa sappiano riguardo all'Aldilà, non riescono a viverla in nessun modo, riescono solo a pensarla. Non riescono neanche a desiderare davvero. Perciò il mago ha bisogno di Aladino, e deve mandare lui nella caverna.»[1]

«Che bella fiaba che è» dice l'Austero.

«E nella caverna, cioè nell'Aldilà» continua il Dominante «Aladino trova immense ricchezze. Nella fiaba quelle ricchezze rappresentano il tutto: sono l'energia che contiene i princìpi di ogni cosa. E lì trova la lampada, che è la ricchezza più grande. Cos'è la lampada?»

La ricchezza più grande.

«Mm. È la scia di luce che avete dentro di voi. Quando Aladino la strofina, la lampada realizza i suoi desideri. Lo strofinare è l'accelerazione. E ad Aladino avviene quel che lì avviene a tutti: all'inizio qualche suo desiderio si realizza, e poi per molto tempo Aladino non ha più desideri, e la sua lampada rimane inutilizzata. Non è così nella storia?

«Poi tutt'a un tratto Aladino si innamora, del più impossibile degli amori: la principessa che nessuno può vedere. E questo amore impossibile attiva in lui la capacità di desiderare: e quanto più desidera, tanto più i suoi desideri diventano grandi. L'amore impossibile gli dà la forza di non aver paura dell'accelerazione, e tutti i suoi desideri impossibili si realizzano, uno dopo l'altro, uno più impossibile dell'altro.»

Dev'essere per forza un amore impossibile, o qualsiasi amore va bene?

«Dev'essere per forza un amore impossibile, altrimenti non c'è accelerazione. Anche Gesù parla sempre di amore impossibile. Di amore per Dio o per il prossimo, o dell'amore tanto grande da poter morire per amore. Ed è appunto un modo per dire che non si può insegnare a mantenere e ad aumentare l'accelerazione, e che uno non può ottenerla imponendosela: chi può insegnare a un altro a innamorarsi d'un amore impossibile? E chi può imporre a se stesso di innamorarsi d'un amore impossibile?»

Ma voi intendete propriamente un amore spirituale, o anche un amore-passione?

«Non esiste questa differenza. Voi giocate con i nomi, in queste cose, ma questa differenza non esiste, a vederlo da qui.»

5

«L'unica differenza che conta è quella tra gli amori che all'inizio sembrano impossibili e gli amori che sembrano e sono semplicemente possibili. Succede così, ascolta bene: l'accelerazione della crescita ha diverse fasi; e quando uno sta attraversando una fase più alta, quelli che stanno attraversando fasi più basse sono attratti da lui, e tendono a innamorarsene. Mentre, quando in una persona l'accelerazione diminuisce, questa persona sentirà subito l'impulso a innamorarsi di qualcuno, e di solito del primo che capita. Succede sempre così.»

Sì, e dunque?

«E quindi bisogna distinguere: nel primo caso si tratta quasi sempre di innamoramenti impossibili, perché chi è in una fase di accelerazione più alta difficilmente proverà attrazione per persone la cui accelerazione è più bassa della sua. E queste ultime avranno tutto da guadagnarci, nel loro innamoramento, perché sarà un aiuto ad accelerare, con in più un esempio a cui guardare.

«Nel secondo caso l'amore potrà magari non essere impossibile, ma raramente riesce a ripristinare l'accelerazione: di solito, in questi casi, l'inerzia della discesa è molto forte, e nel desiderare prevale l'ansia, il correre avanti, giù.»

Poi, in ogni caso, un amore che all'inizio sembra impossibile può diventare possibile se uno riesce a desiderare con un'accelerazione, no?

«Certo.»

Sento l'Austero che ride di questa mia domanda, e delle mie storie d'amore.

E quante fasi di accelerazione ci sono? domando al Dominante. *Voglio dire, sono molte?* aggiungo subito, ricordandomi che gli Spiriti non capiscono i numeri.

«Diverse» sorride il Dominante.

Più o meno quanti sono i colori dell'arcobaleno?

«No, meno. Te le elenco, te le posso descrivere.»

6

A proposito di questa difficoltà che avete con i numeri: se volete, posso provare a spiegarveli, non è complicato.

«No, lo sappiamo cosa sono i numeri, e non hanno nessun interesse e nessuna utilità né per noi né per l'universo intero.

«Le fasi dell'accelerazione sono queste:

«la prima è la crescita spirituale consueta, quella che in voi non si ferma mai, perché in qualche modo voi guardate sempre la vostra Forma, anche se non ve ne accorgete.

«Ci siete dentro, quindi non potete non guardarla, così

come non potete non guardare l'aria in cui vivete. Questo guardare produce ininterrottamente minuscole accelerazioni in tutti gli esseri umani. Le energie di tutte queste accelerazioni si sommano, si accumulano, e l'accumulo fa sì che tanti minuscoli lembi del vostro desiderare si realizzino, senza che voi ve ne accorgiate. E anche questi lembi di desideri realizzati si sommano fra loro, e danno forma alla vostra realtà consueta.»

Come sarebbe a dire che si sommano?

«Democraticamente, come le dune nel deserto.

«Quelle minuscole accelerazioni sono come granelli di sabbia, e sono un'infinità: ogni essere umano ne produce continuamente, in ogni secondo. E ciascun granello di accelerazione è legato a un suo minimo lembo di desiderio: chi desidera una cosa, chi un'altra... E nessuna di queste accelerazioni ha abbastanza energia perché il suo lembo di desiderio si realizzi; ma tanti di questi desideri sono identici fra loro, e perciò avviene proprio come per le sabbie nel deserto, che in certi punti formano dune: per voi, i punti dove si formano le dune sono i desideri che tanti condividono, e lì i granelli di accelerazione si accumulano, e quei lembi di desideri si realizzano. E il passaggio di queste dune, nel suo insieme, è la realtà in cui vivete: tutto ciò che vi circonda, nel vostro Aldiqua.»

Tutta la nostra realtà è il prodotto dei desideri della maggioranza?

«Tutto.»

Il fatto che il cielo sia azzurro e che in primavera gli alberi diventino verdi?

«Anche questo, certo. Sono tutte quante dune.»

E anche le cose che nessuno vuole, la guerra, le malattie, la morte...?

«Anche. Non è vero che nessuno le voglia. Non le amate o, almeno, la maggior parte di voi non le ama e le odia quando ci ha a che fare, ma pochi di voi desiderano le cose che amano.»

Come sarebbe?

«Come sarebbe! Se desideraste le cose che amate, succederebbero: sarebbe semplicissimo, perché il tempo dei desideri è stracolmo di ricchezze e di gioie di ogni genere, che non soltanto vengono verso ciascuno di voi da ogni direzione, ma premono letteralmente su ciascuno di voi per farsi accogliere. Invece la stragrande maggioranza di voi fa di tutto per proteggersi da queste ricchezze e da queste gioie.»

E perché?

«Per orgoglio, per paura, per amore delle cose così come stanno. Per le stesse ragioni per cui i monaci accettano di prendere i voti. E soprattutto perché in genere non vi accorgete né di desiderare né tanto meno di cosa state desiderando.»

7

«La fase successiva dell'accelerazione e della crescita interiore è costituita dai periodi in cui...»

«È un po' lungo, questo capitolo» dice l'Austero.

«E che farci?» dice il Dominante. «La fase successiva, dicevo, sono i periodi in cui il vostro guardare dentro voi stessi diventa più intenso, e le vostre domande più precise: allora l'accelerazione comincia ad aumentare, piano piano, e voi cominciate a salire.

«Sono i periodi in cui fate poco: riuscite a combinare poco nella vostra vita quotidiana. Questo è appunto il segnale che la vostra crescita sta incominciando ad accelerare: l'accelerazione ha bisogno di energia, e perciò avete poca energia per fare cose. Diventate introversi, guardate dentro di voi più che fuori di voi, e in tal modo continuate ad accelerare, sempre più.

«A quel punto, la vostra accelerazione può aumentare in due modi: in modo costante, oppure in modo impetuoso e imprevedibile.

«Quando aumenta in modo costante ti senti più intelligente, hai le idee chiare. Sai sempre quello che fai e trovi il modo migliore di farlo, sei razionale; e tutto fila liscio intorno a te, ti senti a tuo agio con gli altri. In questi periodi i tuoi desideri, le cose che davvero desideri molto, *non* si realizzano; puoi realizzare molte cose, ma non i tuoi desideri.»

Perché no?

«Perché cominci a guardare più all'esterno che dentro di te. Allora l'accelerazione rallenta, e si mantiene appena un poco più in alto di quel primo grado che avevamo detto. Lì puoi favorire la realizzazione di molti desideri altrui, ma i tuoi desideri non li vedi, non li desideri.»

8

«Se invece continui a guardare molto dentro di te – quale che sia il modo in cui tu guardi dentro di te: preghiere, studi, amori – se continui a cercare risposte in te, la tua accelerazione comincia ad aumentare a sbalzi, a slanci, e spesso arriva a essere molto forte, in questi slanci.

«Allora le tue idee e le tue opinioni diventano confuse: perché crescendo il tuo punto di vista cambia rapidamente, sia sugli altri sia su te stesso. Ogni giorno vedi cose di cui prima non ti accorgevi, e vedi te stesso ogni giorno in modo diverso, appunto perché stai crescendo rapidamente. E allora cominci pian piano a scorgere i tuoi desideri, proprio i tuoi, e a provare quelle punte di gioia e di spavento, in fondo a te stesso. E se continui ancora a crescere, a salire, e se chiedi, quello che chiedi avviene.»

Quello che chiedo, o tutto quello che desidero?

«No, solo quello che chiedi. Solo i desideri che riesci a formulare.»

Perché? C'è un potere nel formularli, nelle parole?

«Non è tanto nelle parole. Puoi anche pensarli soltanto. Ma quando si sale sul serio, per realizzare i desideri diventa necessario formularli, per la stessa ragione per cui tanti di voi non desiderano le cose che amano.»

9

Ma sono due cose opposte.

«Sì, ma è così. È sempre per via dell'orgoglio e della paura.

«Quelli che tu senti come desideri, sono cose che tu vedi nell'Aldilà, nella tua Forma: nuvole di cose che stanno per succederti; e quanto più fai accelerare la tua crescita, tante più cose vedi là: ma le vedi soltanto là, e là la mente cosciente non arriva.

«Non ci arriva, e perciò devi spiegarglielo, tenti di spiegarglielo...»

Alla mente cosciente?

«Sì. E la tua mente cosciente non crede a ciò che tu vedi là, e non ti sta a sentire.

«La vostra mente cosciente è sicura di essere molto intelligente, e non le piace quando cerchi di farle capire qualcosa. La disturba l'idea che dentro di te ci sia una qualche parte più intelligente di lei. Così si difende, si protegge da quelle spiegazioni, per orgoglio e per paura: usa la sua intelligenza per costruire barriere contro i tuoi tentativi di dirle cosa vedi là dove lei non arriva a vedere. E anche il più stupido degli uomini sa essere intelligentissimo nel costruire queste barriere, e sa faticare meravigliosamente per costruirle.»

«Anzi» interviene l'Austero, «più un uomo è stupido e più intelligenti sono le barriere che costruisce.»

«La formulazione è il modo di aggirare quelle barriere» continua il Dominante. «Invece di spiegare alla mente come stanno le cose là in alto, le doni immagini di desideri.

«Così, non dici alla mente: "Sai, cara, sta per succedere questo e questo; da una qualche direzione del tempo a te ignota e incomprensibile ci sta arrivando questa e quest'altra bella novità", non cerchi di farglielo capire; ma sussurri: "Che bello sarebbe desiderare questo e questo...". E pian piano la incuriosisci, la persuadi, fino a che lei chiama quei desideri per nome.»

Sì, ma perché deve essere la mente a chiamarli per nome? Che ruolo ha la mente?

«La mente cosciente abita il presente, il centro della ruota.

«È come uno al volante di un'automobile, in città: guarda i semafori, la strada, il cruscotto e di tante cose intorno non si accorge, se non gliele indichi e se non lo convinci a guardarle. Guida, passa e va. Perciò devi convincerla, tu che quando sali sei molto più in alto e molto più grande di quell'automobile. Se riesci a farle accettare le cose che vedi, suggerendogliele come desideri, la mente può guidare la sua automobile verso di essi, o rallentare e fermarsi per incontrarli.»

E l'automobile cos'è, in questa immagine?

«Il tuo rapporto con l'Aldiqua. La tua mente è al centro del tuo Aldiqua, proprio così come la tua scia di luce, per te, è al centro del tuo Aldilà, della tua Forma.»

È questo che dicevate all'inizio: il nostro Aldiqua che entra nella Forma e le obbedisce?

«Certo.»

Condizioni geografiche

Dicevo, all'inizio del libro, che uno dei sogni degli Spiriti è che un giorno il confine tra Aldiqua e Aldilà scompaia per tutti, che cioè scompaia per noi, dato che per loro quel confine non c'è, se non nella nostra coscienza. Una delle frasi che il Dominante dice nello scorso capitolo è una precisazione a questo riguardo: «La tua mente è al centro del tuo Aldiqua, *proprio così come* la tua scia di luce, per te, è al centro del tuo Aldilà, della tua Forma».

In sostanza, non è molto diverso dal dire che il Regno dei cieli è dentro di noi. Lo è? Noi partecipiamo sempre dell'Aldilà, in ogni momento, già ora?

Secondo gli Spiriti, certamente sì. Secondo loro l'Aldiqua è la dimensione in cui noi riteniamo di esistere, e che è caratterizzata dalla riduzione dei punti cardinali del tempo a due soltanto, e delle direzioni del tempo a una soltanto, con tutte le conseguenze che ciò comporta. Mentre l'Aldilà è, per loro, un nome sbagliato che noi diamo, senza saperlo, a tutto ciò che esiste. Questo nome fa immaginare a noi l'Aldiqua e l'Aldilà come due regni diversi; mentre per gli Spiriti l'unica differenza tra Aldiqua e Aldilà è data dalle abitudini percettive prevalenti tra gli esseri umani. Dunque, soltanto per noi, e soltanto a guardare dal punto di vista a noi più consueto, la nostra mente è al centro del nostro Aldiqua, e la «scia» può essere *altrove* il centro del nostro Aldilà. Mentre per gli Spiriti non c'è nessuna differenza, tra queste due cose.

E questo, appunto, somiglia molto a uno dei fondamenti della dottrina del Vangelo. Nel Vangelo di Matteo c'è quella frase terribile, che il Cristianesimo ha ascoltato così poco:

> Guai a voi, scribi, e farisei ipocriti, che chiudete il Regno dei cieli davanti agli uomini; perché così voi non vi entrate, e non lasciate entrare quelli che stanno entrandovi.
>
> [*Matteo* 23, 13]

Le ultime parole di questa frase vengono solitamente tradotte «quelli che vogliono entrarvi»,* perché tra i cristiani è molto forte la certezza che il Regno dei cieli sia appunto altrove. Ma la principale ragione di questa certezza è che i cristiani sono abituati a immaginarsi il Regno dei cieli come un luogo di verità, di giustizia e di felicità molto diverso dalla Terra. E purtroppo, la principale ragione per cui la Terra dei cristiani rimane diversa da questo loro Regno dei cieli, è proprio questa loro certezza che il Regno dei cieli sia altrove, e che dunque sulla Terra le cose possano benissimo continuare ad andare come sono sempre andate. Quale deprimente circolo vizioso, e quanti sforzi teologici sono stati fatti per difenderlo, mentre il Vangelo è così chiaro in proposito: «Venga il Tuo regno, sia fatta la Tua volontà in terra come in cielo» insegna a pregare Gesù. «Siate perfetti come il Padre vostro che è nei cieli» raccomanda a tutti, nel Discorso della montagna (*Matteo* 5, 48).

E basta affacciarsi un poco al nostro Aldilà, per udire proprio le stesse cose: perché tra il nostro Aldilà – di ciascuno di noi – e il Regno dei cieli non c'è nessuna differenza.

Mi sono permesso di richiamare l'attenzione su questo parallelo evangelico, anche se una delle richieste che i miei amici Spiriti mi avevano posto, quando stavamo cominciando a lavorare a questo libro, era che nella parte dedicata alle conversazioni con loro io limitassi al minimo i miei commenti, i riferimenti bibliografici, ecc. perché il lettore fosse libero di ascoltare

* È un errore di traduzione, goffo. Il testo greco dice: *tous eiserkhomenous*, e anche in latino è *introeuntes*: «quelli che entrano, che stanno entrando».

e capire da solo quel che era disposto ad ascoltare e a capire. Ho sempre rispettato la richiesta; solo questo dettaglio, questo parallelo mi è parso una precisazione utile, e lecita, tanto più che tra qualche pagina anche gli Spiriti citeranno Matteo.

* * *

Una volta che eravamo tornati sull'argomento, un paio di anni fa, il Dominante mi disse un paio di cose che, con questa precisazione, riescono più comprensibili e aiutano anche a chiarire il senso generale dei capitoli sui desideri, e lo stato d'animo degli Spiriti nel parlarne.

«Per tutti è lo stesso» mi disse il Dominante, *«per noi come per voi* le cose che succedono devono succedere molto più nell'Aldilà che non nell'Aldiqua. L'Aldiqua le imita e va loro incontro. Per noi proprio come per voi: per noi devono succedere qui, in ciò che voi chiamate Aldilà, e per noi lì, da voi.

«Così voi prendete da qui le vostre invenzioni e i vostri desideri; e anche noi guardiamo a voi, tutto il nostro desiderio guarda a voi, e da voi noi aspettiamo un compimento. La Forma di tutti è lì che si deve compiere, da voi. Lo capisci questo?»

Voi scorgete i vostri desideri nel nostro Aldiqua così come noi scorgiamo i nostri nell'Aldilà?

«Sì. Ci specchiamo gli uni negli altri, in un certo senso.»

Allora, anche nel fatto che noi siamo qui nel nostro Aldiqua, c'è il riflesso di qualcosa che avviene in voi? Anche il nostro essere qui è una specie di imitazione inconsapevole di qualcosa che succede da voi?

«In un certo senso sì.»

E quanti più desideri noi riusciamo a vedere tanto più ci avviciniamo noi a voi e voi a noi?

«Sì. Quanto più la vostra mente impara a formulare desideri e a muoversi di conseguenza, tanto più ci avviciniamo. Dipendono molte cose dai movimenti della vostra mente, molte di più di quel che riuscireste a immaginare ora, anche se vi impegnaste molto nell'immaginarle.»

In Terra come in cielo

L'ostacolo della ragionevolezza. I desideri altrui.
I particolari dei desideri
e il sacramento della confessione.
La regola generale della formulazione.
Il *Padre nostro.*

1

«Ciò che la mente deve fare sono piccoli movimenti, piccole deviazioni, tanto piccole che per lo più non se ne accorge nemmeno. Poi a un tratto vi accorgete che davvero sta per succedere, che il desiderio che avevate formulato sta diventando reale, come quando sentite che sta per nevicare. E nevica.»

E questo intendeva dire Gesù?

«Sì. E a questo vi opponete con tutte le vostre forze, con tutte le vostre barriere.

«Quando per esempio la mente comincia a formulare un desiderio, fa sempre il possibile per formularlo in modo ragionevole, calcolando le probabilità, ecc. E questa è la più potente delle vostre barriere. Ed è *soltanto* una barriera.

«Ciò che voi chiamate ragionevolezza consiste in una quantità di cose irragionevolissime: i sensi di colpa, l'astratto timore di non farcela, il pensiero che tanti altri hanno desiderato invano tante cose, la paura che se si realizza un grande desiderio poi non resti più nulla da desiderare... La mente invece si immagina che la ragionevolezza sia il considerare le circostanze e le possibilità. Il che è insensato, perché la vostra mente sa pochissimo delle circostanze reali, che sono nell'Aldilà dove la vostra mente non arriva.

«Quindi quando formuli i desideri che vedi qui, per prima cosa accantona la ragionevolezza.»

2

E se è un desiderio sbagliato, si realizza lo stesso?

«Un desiderio sbagliato? Non ce n'è, nell'Aldilà. Sarebbe come dire una nuvola sbagliata.

«Per essere sbagliato, un desiderio deve essere il prodotto esclusivo della ragionevolezza, del calcolo delle circostanze e delle possibilità. È difficile che uno riesca ad avere desideri del genere; per lo più si tratta di cose che altri vi insegnano a desiderare nel vostro Aldiqua, e voi obbedite loro per gentilezza o per timore. In ogni caso, non si tratta mai di cose che vedete qui.»

E uno come fa a sapere se un desiderio è suo o se è un desiderio altrui?

«Precisalo. Mettici i dettagli, mentre lo formuli. Per precisarlo devi guardare più attentamente dentro di te: è anche questa una forma di preghiera, e anche questo aumenta l'accelerazione. Così, più riesci a essere preciso, e più riesci a vedere ciò che viene verso di te, *precisamente* verso di te. E non solo non desideri più le cose che altri ti insegnano a desiderare, ma non può più succedere neppure che tu desideri qualcosa che in quel momento un altro sta desiderando per sé. Più precisi un tuo desiderio, e più riesci a vedere ciò che viene esclusivamente verso di te.»

Ma lì in alto vengono verso di noi soltanto cose desiderabili?

«Soltanto cose belle, vuoi dire? No, ne vengono di tutti i generi. Ma, usando la tua facoltà di desiderare, scegli di formulare soltanto quelle che ti piacciono, e le altre lasci che passino. L'importante è precisarle, precisandole capisci se sono belle davvero o no.»

«Infatti Gesù è molto preciso quando fa quell'esempio del monte» interviene l'Austero «e dice al monte: "Togliti di lì e gettati in mare". È un ordine. Così dev'essere.»

3

«È come nella confessione» dice il Dominante. «È la stessa ragione per cui nel vostro sacramento della confessione, se uno non riesce a dire quali peccati ha commesso non può essere perdonato.

«Il sacramento della confessione è un'altra delle vostre imitazioni inconsapevoli, ed è un'imitazione capovolta. Voi usate la confessione per liberarvi la coscienza dai desideri sbagliati e dalle loro conseguenze, e per farlo dovete precisare quei desideri e quelle conseguenze. Così anche nei desideri: solo che nei desideri la precisazione serve allo scopo contrario, a individuare i vostri desideri veri e a fare in modo che si realizzino.»

Già.

«Hai capito? Per esempio, uno dice: "Voglio diventare ricco". È una cosa che tutti imparate a desiderare, non è vero? E così formulato, è un desiderio assolutamente incomprensibile. Nessuno nell'universo sa che cosa tu possa intendere con la parola ricco, e non lo sai neanche tu. Allora potresti dire: "Voglio avere..." dimmi una cifra delle vostre, che sia alta.»

Dieci miliardi.

«"Voglio avere dieci miliardi di talleri". Ed è ancora più vago. Non è un desiderio: è solo un numero con accanto una parola: serve soltanto a difendervi da ciò che desiderate davvero.

«È come se nella confessione tu dicessi: "Confesso di aver usato dieci miliardi di talleri", senza dire come li hai usati. Nella confessione dovresti invece dire che cosa ne hai fatto, per vedere se è un peccato o no. E così nei desideri: devi precisare che cosa vuoi farne, cosa c'è per te in quel denaro. Come vuoi vivere con quel denaro, cosa ti ci vuoi comprare, a chi lo vuoi dare.»

E più lo preciso, più la mia crescita accelera?

«Sì. Devi lottare contro la tua ragionevolezza, nel precisarlo, e in questa lotta o ti fermi a un certo punto e ti rifiuti di andare più in là – perché ti accorgi che non sai cosa fartene di quei soldi – oppure vai avanti, caparbiamente, fino a che ti accorgi che quel che c'è veramente in quei dieci miliardi, non lo desideri affatto. Lo dice anche il Vangelo: "È più facile che un cammello entri nella cruna di un ago, che non un ricco nel Regno dei cieli". Nell'Aldilà non lo trovate, quel desiderio fatto di numeri. Non c'è.»

Ma così quel desiderio non si realizzerà.

«Infatti. A quanti di voi importa che un desiderio così formulato si realizzi?»

Be', a moltissime persone, penso.

«A pochissimi, e solo per disperazione.

«In una grande somma di denaro c'è soprattutto la solitudine: più precisi quel desiderio, e più te ne accorgi. E l'unica ragione per cui uno può veramente desiderare una grande somma di denaro è perché gli permette di comprarsi la solitudine. Una grande casa in cui essere solo, più di quanto lo si possa essere in una casa piccola. Domestici che gli servano per fare a meno di tutte le persone con cui ha a che fare uno che non ha domestici. L'ozio, che gli permette di fare a meno delle persone che incontrerebbe se si impegnasse in qualcosa. Il denaro ti serve per proteggerti dalla presenza degli altri. Dunque non è il denaro che vuoi, ma la solitudine. E questo devi chiedere, se lo desideri: voglio essere molto solo, per molto tempo. Questa sarebbe la formulazione giusta di quel desiderio di molto denaro.»

E se uno lo formula così, la solitudine gli viene data?

«Infallibilmente, se sei in fase di forte accelerazione. E se aggiungi che vuoi proprio quella solitudine che solo dieci miliardi di talleri ti possono dare, ti arriveranno anche i dieci miliardi di talleri. Però è molto raro che una persona in fase di rapida accelerazione chieda la solitudine. Ci sono una quantità di altre cose più interessanti da chiedere.»

E quelli che diventano molto ricchi hanno desiderato la solitudine?

«Per lo più sono diventati ricchi per via dei desideri degli altri. Oppure hanno chiesto qualcos'altro, e la ricchezza è stata una conseguenza di questo qualcos'altro.»

4

Possibile che sia tutto qui, tutto così semplice?

«È tutto qui, ed è semplice e bello. Precisare i desideri è una forma d'arte, come dite voi, perché i vostri desideri sono sempre più grandi di voi: più grandi di quel che riuscite a capire, ma non di ciò che riusciate a esprimere.»

È un gettare le reti.

«Le reti, proprio come quando si fa un'opera d'arte. E ciò vi dà la stessa felicità che vi dà creare le vostre finzioni, con la differenza che i desideri a un certo punto cessano di essere finzioni.»

E come vanno formulati: nel pensiero, con la voce, o come?

«Come vuoi tu. Se sei capace di pensarli e di ricordartene, meglio per te. Altrimenti, puoi scriverli o disegnarli.

«Di solito la regola è questa: primo, i pensieri sono piccoli e le parole li ingrandiscono e li radicano nella realtà; secondo, ogni parola detta ha un'eco nella mente, che rende opaca la parola successiva: invece le parole scritte non interferiscono l'una con l'altra; e terzo, tutte le forme di espressione che non usano parole, per esempio il disegno, richiedono una dolcezza d'animo di cui voi avete per lo più paura, quando siete soli con voi stessi. Questa è la regola generale; varia un po' da caso a caso, ma poco. E in base a questa regola devi vedere tu cosa ti riesce meglio con i desideri, e quale modo di formularli ti dà più felicità mentre lo fai.»

«La felicità è la cosa principale» aggiunge l'Austero. «È quella la guida e la misura di tutto.»

5

La felicità che dà a me, o la felicità che può dare agli altri?

«Non c'è differenza tra la felicità che hai tu dal tuo desiderare e quella che ne ricevono gli altri. Desiderare dà felicità a chi desidera, ma chi ha la felicità desidera per sé e per gli altri, sempre.

«Non può fare altrimenti. Tra miliardi di persone che non desiderano nulla di preciso, chi desidera qualcosa non può non accorgersi di essere più avanti degli altri. Quando ve ne accorgete, percepite la felicità, e la felicità aumenta quando capite che il senso del vostro essere più avanti degli altri sta nel far arrivare anche gli altri lì dove siete voi. Se non vi accorgete che è così, non vi accorgete nemmeno della felicità, e non l'avete.

«Perciò, quanto più desiderate per voi stessi tanto più imparate a desiderare anche per gli altri: a desiderare per voi stessi cose che cambino la vita degli altri intorno a voi, in un raggio tanto più ampio intorno a voi, quanto più riuscite a non essere ragionevoli e a essere precisi. È questa la direzione della felicità, e voi non potete non seguirla, se sentite di averla. Mentre se non la seguite, non l'avete più.»

In un raggio tanto più ampio... Come hai detto?

«Com'è nel *Padre nostro.* Lì c'è il raggio più ampio dei vostri desideri: l'elenco dei più irragionevoli desideri che potete provare. Come dice?»

Padre nostro che sei nei cieli, sia santificato il Tuo nome, venga il Tuo Regno...

«Vedi? Venga il Tuo Regno. Cioè: scompaiano tutte le religioni che dividono gli uomini. Perciò dite Padre *nostro,* e non Padre di alcuni soltanto. E come continua?»

Sia fatta la Tua volontà, come in cielo così in Terra...

«Visto? Capisci quello che voglio dire?

«Tutto quello che ti diciamo dei desideri è il modo più semplice per parlare della struttura della realtà.»

La felicità

L'organo di senso interiore che chiamiamo felicità.
La sua atrofia.
La felicità e i desideri. Del desiderare il male.

1

«A proposito, tu sai cos'è la felicità?»

La soddisfazione dei desideri.

«No. Questa è una delle cose false che pensate voi, e in tutto l'universo non c'è niente e non succede mai niente che possa farvi credere di aver ragione a pensare così. La soddisfazione è la soddisfazione. La felicità invece è uno dei vostri sensi, come l'udito o la vista.

«La differenza è che la vista, l'udito e gli altri vostri sensi che conoscete sono rivolti verso l'esterno, mentre la felicità è un senso rivolto verso l'interno. Ma non averla è comunque come essere ciechi o sordi».

E cosa sente la felicità?

«Sente la vostra crescita, il muoversi della scia di luce. E quando siete felici è perché vi state accorgendo che la vostra felicità è desta e sente.

«Quando osservate qualcosa, è perché vi state accorgendo che la vostra vista è desta e agisce, e così succede anche con la felicità. È un vostro senso. Tutti i bambini ce l'hanno. Poi per lo più ne perdete l'uso, via via, perché imparate dagli adulti.»

«Dovreste andare a scuola da adulti, invece che da bambini» dice l'Austero.

«Ma non troverebbero nessun bambino disposto a insegnare agli adulti» dice il Dominante.

«Già» dice l'Austero.

2

E perché da adulti perdiamo la felicità?

«Mah, innanzitutto perché è in contrasto con voi e con tutto il vostro mondo. Anche gli altri vostri sensi sono per lo più in contrasto con voi, e contraddicono alle cose che pensate: ma, siccome sono rivolti all'esterno e comunque vi sono molto utili per vivere nel vostro mondo, riuscite a trovare il modo di metterli a tacere, quando vi danno torto, senza danneggiarli troppo.

«Invece la felicità è rivolta all'interno, e perciò potete farla atrofizzare senza quasi accorgervene. Quando il vostro senso della felicità comincia a darvi torto, quando vi segnala che la vostra crescita non procede e la vostra scia non si muove, voi riuscite a soffocarlo abbastanza in fretta e a non pensarci più. Capita a quasi tutti; perciò gli altri non se ne accorgono, in genere, quando vi succede, perché, in genere, a loro è già successo.

«Ed è un'altra delle ragioni per cui pochi di voi hanno dei desideri. Non crescono e non si accorgono di non crescere, non sono felici e non vogliono sapere di non esserlo. Così non desiderano nulla di preciso, e aspettano di morire facendo qualcosa nel frattempo.»

3

Se invece uno è felice, desidera, e se desidera è felice: la felicità è il contrario della soddisfazione dei desideri?

«È proprio il contrario. È la sensazione che provate quando cominciate a desiderare qualcosa di più grande e di più bello di ciò che desiderate di solito. Quella è la felicità. E non ha limiti. Può aumentare all'infinito.»

Non ha limiti: dunque se uno desidera il male, prova lo stesso questa felicità?

«Certo. Non c'è nessuna differenza tecnica, tra il desiderare il bene e il desiderare il male. E desiderare il male dà a chi lo desidera la stessa felicità che un brav'uomo prova nel desiderare che lui e tutti gli altri vivano in pace, che tutti abbiano un bel lavoro e siano sani e intelligenti.»

«Non dirmi che non te ne sei mai accorto» dice l'Austero.

4

«Lo vedi da tutto, guàrdati intorno» dice il Dominante. «Tutto ciò che esiste è davvero e soltanto il prodotto di ciò che voi desiderate consapevolmente o inconsapevolmente. E c'è molto male nel vostro mondo, non è vero? Dunque c'è sicuramente tanta gente che desidera il male.

«E dato che il male da voi ha anche forme particolarmente elaborate, vuol dire che sicuramente molte persone capaci di desiderare sono portate a vedere più il male che il bene, nelle nuvole che vengono loro incontro.»

Ci sono portate per loro natura, o scelgono di desiderare il male?

«Non è una distinzione importante. Uno, certo, potrebbe rifiutarsi di desiderare il male, se si accorgesse di essere portato a desiderarlo. Ma di solito la felicità che uno prova nel desiderare è talmente forte, che è molto difficile rifiutarsi di desiderare qualcosa mentre la si desidera.

«Durante le guerre, per esempio, l'enorme maggioranza di quelli che sono capaci di desiderare desidera la guerra, la morte altrui e anche la propria morte.»

E cos'ha a che fare questo con il desiderare qualcosa di più grande e di più bello? E con il desiderare per gli altri?

«Ma come! La morte è più grande dell'uomo. E per molti un uomo che non c'è più è più grande e più bello di quello stesso uomo quando era ancora vivo.»

«Per molti di voi è così» dice l'Austero.

Se invece la maggioranza di quelli che sono capaci di desiderare desiderasse solo il bene e si rifiutasse di desiderare il male, tutto andrebbe meglio e si vivrebbe bene?

«Certo, è evidente. Il problema è che sarebbe molto difficile convincervi a far così.

«Per convincervi vi si dovrebbe dimostrare che desiderare il bene dà più felicità del desiderare il male, il che non puoi dimostrare in alcun modo, perché chiunque scoprirebbe che non è vero.»

Allora non si può fare niente?

«Puoi solo desiderare. Giocare onestamente: tutto quello che puoi fare è desiderare sul serio, quindi desidera. Impara a usare il tuo senso della felicità, a non desiderare desideri altrui e a scegliere i tuoi, se ci riesci. È già una gran cosa, molto grande.

«E poi, per convincere la gente a desiderare solo il bene dovresti avere un potere sulla gente. E avere un *potere su* non è mai né interessante né bene, è una cosa noiosa, produce ossessioni. L'unico potere che conta è il *potere di,* non il *potere su.*

«Quindi usa il potere di. Non ha limiti, il potere di.

«Quando impari a usarlo, a essere felice di desiderare qualcosa, il tuo desiderio fende la realtà: e la realtà si fende per te, fuori di te. E quanto più sei felice di desiderare, tanto più è facile. Comunque adesso smettiamo di parlare dei desideri. Sono già tre capitoli che continuiamo. No?» domanda il Dominante, all'Austero.

«Certo» dice l'Austero. «Tanto quelli di loro che non sanno desiderare non imparano lo stesso, anche se vai avanti per altri dieci capitoli.»

Condizioni per me

A proposito, tengo a ripetere che nella Seconda parte di questo libro scrivo davvero quel che mi dicono i miei coautori: e sia lo sviluppo dei vari argomenti sia anche la scelta degli argomenti è tutta opera loro. No?

«Infatti» dice il Dominante. «E adesso noi diremmo di parlare ancora dei demoni, della salute e della nascita, dopodiché per questo libro basta.»

E di voi non parliamo, di come vivete, di come siete?

«No. Per parlarne dovreste venire più in qua. Bisognerebbe che cominciaste a viaggiare insieme a noi, e non si può subito. Parliamo solo di queste cose per ora. E poi lasciamo passare un po' del vostro tempo, così che chi legge questo libro ci possa pensare.»

E degli Dèi?

«Mm.»

Dell'elenco degli argomenti, in particolare, abbiamo discusso più volte sia durante la preparazione del libro sia durante la stesura. Io facevo domande del tipo «Inseriamo questo? Inseriamo quest'altro?» e il Dominante e gli altri decidevano, ragionandone tra loro. Il loro criterio generale consisteva nel fatto che la personale scoperta dell'Aldilà dovesse avvenire in due fasi («La personale scoperta? La scoperta dell'Aldilà è sempre personale, per forza» tiene a precisare l'Austero) e che nella prima fase dovesse rientrare tutto ciò che riguarda l'accorgersi della posizione dell'io nell'Aldilà; nella seconda fase, ciò che l'io può fare nell'Aldilà, una volta che ha imparato ad accorgersi di dov'è. E si è deciso di parlare della prima fase in questo libro, e della seconda in un libro successivo, dedicato appunto ai viaggi nell'Aldilà.

«D'altra parte, anche tu, quanto tempo ci hai messo per cominciare a venire con noi, nei viaggi dall'altra parte?» dice l'Austero.

Molto tempo, sì, sei o sette anni almeno.

Nei primi anni parlavamo soltanto, nel laboratorio, e pensavo che aver a che fare con gli Spiriti fosse soltanto una forma di ascolto interiore. Poi tutt'a un tratto, su proposta degli Spiriti, sono cominciati quei viaggi, cioè la scoperta della geografia dell'Aldilà, in un raggio molto più vasto di quello che l'io (ciò che noi chiamiamo io, la scia) percorre di solito con le sue domande.

«Dovevi crescere con noi per un po', prima di riuscirci» dice la voce di bambina.

*

«Per questi che ci leggono sarà comunque più facile» continua il Dominante. «Quando uno viene qui da solo, cresce molto lentamente; si lascia portare da tante direzioni del tempo come dalle correnti, gioca a fare il Robinson sull'isola, il Mowgly nella giungla.»

Anche Robinson Crusoe *e* Il libro della giungla *sono racconti sull'Aldilà?*

«*Robinson Crusoe* no, ha solo molte imitazioni inconsapevoli... intuizioni inconsapevoli, direi. Invece *Il libro della giungla* sì, è un racconto completamente consapevole, sull'Aldilà.»

Quindi la pantera Bageera, Baloo, Kaa sono Spiriti?

«Certo. Sono una bella immagine dei primi aiuti di cui parla la Bibbia, prima della creazione dell'Aishà. Gli aiuti in forma di animali selvatici. Mowgly è un aìsh che ha imparato a chiamarli con il loro nome e a vivere con loro.»

«È un libro bellissimo» afferma l'Austero.

«E tu non te ne sei accorto, ma sei stato proprio così con noi, per tanto tempo» continua il Dominante «anche se noi non siamo quel tipo di Spiriti, e non c'era giungla qui. E a tutti quelli che arrivano qui da soli succede lo stesso, per un po', perché a loro piace così.»

Infatti, anche a me piaceva. Trovo in me ricordi belli, sfogliando i quaderni di quel periodo, e ogni volta che mi domando se stia stato in qualche modo ozio, tempo perso, sento davvero che la risposta è no.

Già, e poi come succede? Quand'è che uno sente il bisogno di dire cosa c'è qui, e di far venire qui gli altri? Io perché ho cominciato a scriverne soltanto adesso?

«È il tuo addio» mi dice il Dominante. «Porti qui gli altri, gli mostri la strada e gli dici quello che sai, e poi prosegui da solo: portarli qui è il tuo modo di dire addio.»

Cioè? Di morire? domando, avvertendo un tono particolare, come un rallentamento nelle parole «dire addio.»

«Non proprio di morire. Non puoi capire ancora cos'è, devi crescere ancora un pochino: se te lo diciamo adesso ne avresti paura, mentre non c'è alcuna ragione di avere paura.»

Be', non...

«Nessuna ragione di averne paura. È il punto in cui sei, ed essere nel punto in cui si è accresce sempre la felicità, soltanto.»

*

Ed è così per tutti? Quando si comincia a sentire il desiderio di parlarne è perché si sta per dire addio?

«Non per tutti, solo per chi giunge qui di sua volontà e da solo. Però è meglio se non ne parliamo ancora: davvero devi crescere ancora un pochino. Parliamo dei demoni, adesso. O vuoi proprio parlare degli Dèi, prima? Gli Dèi rientrerebbero nella fase successiva, nel prossimo libro.»

Sì, ma se per esempio volessi parlare di tutte queste cose e non dire addio?

«Non si può. Se hai cominciato a parlarne è per questo, per dire addio, e succederebbe comunque, anche se decidessi di non parlarne.

«Se invece ne parli, tutti questi argomenti diventano nel loro insieme una specie di formula magica, che apre tante porte in chi ascolta. È come se fossero porte a riquadri, invece che a battenti; e ogni volta che parliamo di uno di questi argomenti, uno dei riquadri diventa trasparente e scompare, in molte di queste porte al tempo stesso, e alla fine tutte queste porte sono aperte.»

Basta leggere e si aprono?

«Sì. E in più, ogni argomento è un potere che gli altri ricevono, un preciso potere. Ma per te è un addio: alla fine *tu* sei aperto, e non ci sei più. È un tuo regalo d'addio: tuo e nostro, perché noi veniamo con te.»

Non è che mi senta molto tranquillo, dopo questa novità.

«Mm. Non ti preoccupare, andrà tutto bene, comunque. E, su, questo sceglilo tu: parliamo dei demoni oppure un po' degli Dèi, prima?»

Degli Dèi?

Gli Dèi

Gli Dèi nello spazio e nel tempo. Il discendere.
Gli Dèi creatori. Le agonie degli Dèi.
Plurale e singolare. La forma cava, materna,
e l'accogliere gli Dèi. L'attimo del voltare la pagina.

1

«D'accordo, parliamone» dice il Dominante «ma poco, però. E solo per quel che riguarda la posizione dell'io qui da noi.»

«Non è bene parlare di così tante cose in una volta» dice l'Austero.

«Cominciamo soltanto» gli risponde il Dominante. «Allora» dice a me, sorridendo «gli Dèi dove sono, secondo voi? Voi pensate sempre alle cose spirituali in termini di spazio. Dov'è Dio, in alto? In basso?»

È nel tempo, come l'anima?

«No, non fare il furbo. Voi pensate alle cose spirituali in termini di spazio: non è un rimprovero, è così, semplicemente. Dunque anche gli Dèi devono avere una collocazione spaziale, per voi, per quanto simbolica. Dio per voi è in alto, non è vero?»

Be', Dio è in ogni luogo, per definizione.

«No. Quando siete molto di buon umore dite così, ma poi vi accorgete che questo essere in ogni luogo vi crea problemi che non riuscite a risolvere neanche con la fede. E non riuscite a risolverli perché non è vero. Invece quando siete nel vostro stato normale, dite e pensate che Dio è in alto, e questo vi fa sentire più tranquilli. Ma Dio non è né in ogni luogo né in alto.»

È dentro di noi?

«Direi proprio di no. È in basso. La regola generale e sempre valida per voi, per ciò che riguarda gli Dèi, è che non si sale per avvicinarsi agli Dèi: si discende, si discende, si discende sempre. Il cielo degli Dèi è in basso, ricordatelo bene. Perciò Giona quando deve imparare la parola di Dio viene ingoiato dal pesce, e va fino in fondo al mare.»

Ci penso per un istante, su nella mia stanza, alla mia scrivania, e poi subito scrivo, prima di dimenticarmi qualche parola. E sorrido, scrivendo: non ho capito, ma mi piace molto quando gli Spiriti ribaltano così una prospettiva, e tante volte ho cercato di imparare come lo facciano, come un passo di danza.

2

«Non c'è bisogno che lo impari» continua il Dominante. «Tu per ora ricordati che il cielo è sempre più in giù. Anche l'azzurro del cielo che vedete voi è un riflesso della Terra, e la sua origine è in basso. Così è anche per il cielo degli Dèi.

«Perciò, tutte le volte che nelle vostre religioni si parla di qualcosa o di qualcuno che discende dal cielo, si tratterà sempre di qualcosa o di qualcuno che sta semplicemente avvicinandosi al luogo da cui è venuto, che è in basso, e non nel cielo-in-alto che vi immaginate voi.»

Ma sul serio gli Dèi sono in basso, o è un'immagine?

«Sono parole: in basso, nel profondo, nell'abisso, come vuoi. Avete tante parole per indicare ciò che è in basso. L'importante era che sentissi per prime queste parole, nel parlare degli Dèi. Adesso puoi anche pensare in termini di tempo: gli Dèi sono nel passato. Sono in basso e discendono non attraverso lo spazio, ma attraverso il tempo. Ma comunque discendono. Sempre più giù: nel passato, nel profondo, nell'abisso.»

Sono in basso, e ciononostante discendono?

«Discendono dall'abisso e nell'abisso. E questo abisso è in voi che si apre e diventa sempre più profondo. E gli Dèi, più si avvicinano a voi, e più discendono nel vostro passato. Tornano verso il passato attraverso di voi, attraverso il presente. È questo il loro avvicinarsi a voi».

Sento l'Austero che ride, piano. E anche la bambina sta ridendo.

È un enigma? Lo devo risolvere?

3

«È troppo semplice per essere un enigma. È soltanto una descrizione» dice il Dominante. «Più si impara a conoscere un Dio, e più si discende insieme con lui nel tempo, fino all'origine del vostro tempo e più in là ancora, nell'abisso che segue. E allora succedono due cose:

«la prima cosa è che ovunque si arrivi seguendo un Dio, cioè imparando a conoscerlo, vi si arriva nel vostro presente, perché è sempre e soltanto nel vostro presente che voi lo seguite; ed è lo sguardo del vostro presente che arriva fin là. Mentre se il vostro presente non riesce più a seguirlo e a conoscerlo, voi non riuscite a conoscere più nulla di quel Dio, e il Dio rimane solo, e non discende più.»

E questo cosa significa?

«Semplicemente che il Dio si ferma, non discende più.

«Mentre la seconda cosa è che quanto più imparate a conoscere un Dio, e quanto più lo seguite nel suo discendere nel passato, tanto più grande diventa quel Dio: tanto più grande e creatore.»

Gli Dèi diventano *creatori?*

«Certo. È un grado della loro crescita. Tutti gli Dèi incominciano come piccoli Dèi appena nati, appena emersi dall'abisso del passato che si apre in voi. Arrivano verso di voi come i desideri, ma da una direzione soltanto, dal basso, e senza bisogno che acceleriate la vostra crescita.

«Arrivano, e quelli che voi accogliete cominciano a crescere, e quante più persone li accolgono, tanto più crescono. E ridiscendono felici verso l'abisso, sempre più grandi, sempre più grandi e potenti. Quando arrivano all'inizio del vostro mondo e del vostro tempo, diventano i creatori di quell'inizio, e più in là la loro grandezza diventa tanto immensa da essere trasparente, e ovunque guardi, là, senti di vederli. E quello è il culmine della loro felicità.»

4

«Scrivi» mi dice il Dominante.

Io stavo ascoltando a bocca aperta. Chiudo la bocca e scrivo.

«Quando invece smettete di seguirli e vi riprendete il vostro presente, gli Dèi si fermano, dicevamo» riprende il Dominante. «E allora comincia quella terribile cosa che è l'agonia degli Dèi. Ne abbiamo già parlato, no?»

Sì.

«È la cosa più straziante che si possa vedere nell'Aldilà, un Dio abbandonato che segue il vostro presente, e diventa sempre più piccolo, finché muore.»

E rinascono gli Dèi, risorgono?

«Sì, quando in qualche modo rimane una memoria di loro. Finché ne rimane una qualche memoria possono risorgere: anche soltanto un nome, un rudere, purché si sappia che era di quel Dio. Gli Dèi greci sono stati molto fortunati, da questo punto di vista. E possono risorgere facilmente – dai nomi dei pianeti dello zodiaco, del caduceo dei farmacisti... Altri Dèi invece sono morti per sempre. E gli Dèi non hanno reincarnazioni, quando muoiono.»

5

A proposito, è plurale, sì? Gli Dèi: è al plurale?

«Plurale, plurale» dice il Dominante.

Perché?

«Ah-ah, che bello quando chiede: *perché*?» interviene una voce allegra, festosa, dalla balaustra (ed è uno Spirito fatato, *féerique*, come dice di sé, in francese. Curiosamente, questo Spirito compare sempre poco dopo che per una qualche ragione mi sono commosso, come appunto mi è successo poco fa, ascoltando quelle parole sulla morte degli Dèi).

«Solo gli islamici riescono ad avere un Dio uno, singolare» continua il Dominante «e solo a costo di un imponente esercizio di autorità, di un culto religioso dell'obbedienza. È un immenso sforzo, un grande esperimento che tentano contro tutte le evidenze. Dato che ovunque il divino è plurale, per voi.

«Ed è molto importante questo fatto: è il grande vantaggio che l'uomo ha su Dio. Voi e i vostri Dèi siete a immagine e somiglianza, ma ogni uomo è tendenzialmente singolare, mentre gli Dèi sono tanti. Ed è il vantaggio dell'uomo perché, diciamo così, una volta che Dio ha creato l'uomo, l'uomo può creare molti Dèi diversi. Mentre Dio non può creare molti uomini diversi. Perciò nella Bibbia l'uomo è l'*adàm*, al singolare, e parla e agisce come se fosse un uomo solo: mentre Dio è *Elohim*, che è un plurale. Gli *Elohim*».

6

L'uomo può creare molti Dèi. Creare, proprio?

«Parole, parole. Ti spaventano le parole. Creare va benissimo, accogliere va molto bene, far nascere va ancora meglio. Far nascere va meglio di tutto: è l'immagine più precisa. Prendi la vostra Vergine Maria: è un ottimo autoritratto che vi siete dipinti, per ciò che riguarda gli Dèi.»

«Adesso domanderà: *perché*?» dice lo Spirito *féerique*.

«Perché voi rispetto agli Dèi siete una forma cava» dice il Dominante. «Gli Dèi vi vedono come una forma cava, che accoglie tutto ciò che è reale, come un ventre materno, e lo nutre e lo fa nascere. Così siete voi. E anche gli Dèi ne sono accolti, quando li accogliete, e così ogni Dio nasce nell'uomo, ogni volta.»

Noi siamo la Vergine Maria?

«È come nella storia di Gesù, tale e quale. L'uomo e Dio sono a immagine e somiglianza perché l'uomo è la Forma e Dio è ciò che circonda questa Forma. Siete a immagine e somiglianza come la Forma e il calco. Ma questa vostra Forma è cava, e gli Dèi che accogliete sono accolti e racchiusi in essa, e lì nascono.

«Perciò nelle vostre religioni voi dite: Dio Padre. Proprio perché in realtà è il contrario. Tutte le volte che gli uomini cercano di dare una definizione di qualcosa di veramente spirituale, tendono sempre a parlare di sé, come allo specchio...»

«Appena un pochino di più di quando cercano di dare una definizione degli altri uomini» dice l'Austero.

«È perché vedete sempre l'altra parte della vostra Forma cava» spiega il Dominante «e generalmente la vedete rovesciata. Così anche quando parlate degli Dèi: immaginate Dio come il Padre dell'uomo, appunto perché l'uomo è in realtà la madre di Dio.»

7

Dio non è il Padre dell'uomo, sussurro tra me e me, mentre scrivo.

«Poi lo diventa, Padre e Creatore, quando cresce. Ma all'inizio l'uomo è la madre di Dio, questo è il punto. Gli uomini lo nutrono, gli danno il presente, il passato. Come fa una madre. E Dio cresce in loro, grazie a loro, a ritroso.»

Voi li vedete, gli Dèi?

«No, non si possono vedere. A paragone degli Dèi noi siamo addirittura visibilissimi, siamo una Forma anche noi, rispetto a loro. Infatti per gli Dèi non esiste niente di veramente spirituale, tutto per loro è più o meno materiale-corporeo, persino noi.»

«È il loro modo di percepire. È un altro livello» precisa l'Austero.

«Sai come sono, come li percepireste voi, se ne foste capaci?» dice il Dominante. «Come quell'istante di silenzio che c'è dopo un punto, quando raccontate. E dopo gli *e allora,* dopo gli *e a un tratto,* nelle vostre storie. Lì per un attimo c'è un confine tra ciò che sapete già e ciò che non sapete: e lì c'è per un attimo lo stesso infinito brevissimo che separa l'uomo da Dio. Brevissimo ma pur sempre infinito. Riesci a capirlo? E di là da quest'infinito c'è subito Dio, per un attimo.»

«Anche quando stanno voltando la pagina» aggiunge l'Austero.

«Anche, sì» conferma il Dominante. «Perciò anche i vostri Dèi hanno sempre tante storie; e perciò tutte le vostre storie sono sempre storie tra l'uomo e Dio.»

Aggrotto le sopracciglia e sto per domandare qualcosa.

«Basta così» dice il Dominante.

«Parliamo dei demoni» dice l'Austero.

«Sì, parliamo dei demoni» conferma il Dominante.

I demoni

I demoni e la paura del futuro.
Lo Spirito e il futuro. La barba di Dio.
Demoni piccoli e medi.
Gli esorcismi. Le malattie psichiche.

1

«Bene, per prima cosa» dice il Dominante, «bisogna sapere che i demoni sono le vostre paure del futuro.

«Di solito la gente usa il nome "demoni" per indicare una quantità di esseri completamente diversi tra loro: spiriti malvagi, spettri, residui di divinità e semidivinità del passato, Dèi piccoli, nati da poco; e nessuno di questi esseri somiglia ai demoni. Così, una volta tanto che un vostro nome potrebbe chiudere utilmente qualcosa, lo usate nel modo sbagliato e non ci chiudete niente.»

Cioè, i demoni sono pericolosi e sarebbe utile chiuderli in un nome?

«Non sono pericolosissimi, non tutti, ma sicuramente è utile che impariate a tenerli sotto controllo, prima di cominciare a viaggiare con noi. Perciò ci tengo a parlarne qui.»

2

«Nessuno di quegli altri esseri che abbiamo appena detto somiglia ai demoni, perché nessuno di quegli altri esseri può appesantirvi. I demoni invece sono futuro che si raggruma e pesa addosso agli esseri umani: la sostanza di cui sono costituiti è il vostro futuro, raggrumata.»

È un'immagine? Vanno immaginati così, o sono così?

«No, sono proprio così. Sono fatti di futuro come la neve è fatta di acqua.

«Il vostro futuro è davvero una sostanza; potrebbe avere una sua formula chimica se ci fosse qualche elemento in più nella vostra chimica. Solo che per adesso non sapreste che farvene di questi elementi in più, e perciò non li avete ancora scoperti.»

E perché dici che sono la paura *del futuro, se sono fatti di futuro essi stessi?*

«Perché non sanno cos'è.

«È sempre così: nessuno lì da voi sa mai gran che della sostanza di cui è fatto, e perciò la teme. Voi per esempio siete fatti di vita, e non sapreste dire che cos'è la vita, se vi venisse in mente di domandarvelo. Non sapete neanche quando c'è e quando non c'è, la vita. Lo stesso vale per i demoni, riguardo al futuro. Per sapere cos'è una cosa, bisogna esserne diversi.»

E noi in che modo siamo diversi dal futuro?

«Perché gran parte di voi è Spirito. E lo Spirito è ciò che non cambia nella realtà, mentre il futuro è ciò che cambia.»

Cioè?

«Niente cioè. Lo Spirito è ciò che non cambia. Tu pensa a qualcosa che non cambia: ed ecco, quello è lo Spirito.»

Le rocce sono lo Spirito?

«Se non cambiano, sì. Tu conosci rocce che non cambiano?»

No. Però cambiano molto lentamente.

«Ecco, finché non cambiano sono lo Spirito, per chi vede che non cambiano. Quando cambiano non lo sono più. Così per ogni cosa: anche un albero nel vento è lo Spirito, per te, se riesci a vederlo come una cosa che non cambia.

«E il futuro comincia proprio sul confine di ciò che non cambia.»

3

«Perciò vi immaginate Dio con la barba» dice la bambina.

La barba sarebbe il futuro?

«Quella barba di Dio è una vostra imitazione inconsapevole del rapporto tra lo Spirito e il futuro» spiega il Dominante.

E i demoni le somigliano un po', solo che sono attaccati a voi, e non al mento di Dio: e si attaccano soltanto, non crescono da ciò che in voi è Spirito.»

Io ne ho di demoni?

«Certo, tutti ne avete. I demoni sentono in voi quel confine tra Spirito e futuro (e quel confine è la vita stessa, ma loro non sono in grado di capirlo: sono esseri molto bassi) e lì si aggrappano. E appena si sono aggrappati si identificano con voi: si immaginano che il corpo a cui si sono attaccati sia il loro corpo.»

Sono parassiti, insomma.

«Sì, vivono a spese vostre. Sentono pulsare l'energia dei vostri pensieri e sentimenti, e di tutte le altre vostre attività, e pensano che sia la loro energia, e di quella vivono.

«Voi li percepite sottoforma delle vostre paure del futuro.

«Quando per esempio guardate al vostro passato e cercate nel passato il presente e il futuro, perché avete paura del presente o del futuro; quando cominciate a rimpiangere qualcosa e a volerla ritrovare; quando vi ricordate di un torto che avete subìto tanto tempo fa e volete vendicarvene... Ecco, queste sono tutte percezioni, intuizioni confuse che avete dei demoni che si sono attaccati a voi.»

4

E perché sarebbero pericolosi?

«Ce ne sono di tre tipi, di tre taglie, diciamo: piccoli, medi e grandi. Perché ridi? Dico sul serio. Con i piccoli di solito non succede niente di particolare, a parte la paura del futuro. I piccoli somigliano più che altro... come dire?»

«A straccetti» dice la voce di bambina.

«Ecco sì, a brandelli di stoffa. E infatti sai chi ne ha sempre moltissimi di questi demoni? I mendicanti.

«Anche nell'aspetto fisico i mendicanti hanno brandelli di stoffa intorno al corpo. I loro brandelli visibili sono imitazioni inconsapevoli, e sono un modo di chiedere aiuto, come se dicessero: "Aiuto, guardate che cosa ho addosso". Ma non se ne accorgono neanche loro che è questo che chiedono. E d'altronde non sono i demoni il loro problema principale, i demoni sono soltanto la loro paura del futuro.»

E come si fa a liberarsi dai demoni?

«Da quelli piccoli e da quelli medi non ci si può liberare. Quelli che hai, te li tieni. Se non riesci a usarli, ti penzolano addosso qua e là, e pesano. Invece se riesci a usarli è un po' come se tu li pettinassi, e te li puoi anche acconciare bene, in modo da distribuire il loro peso più comodamente.

«È sufficiente che fai qualcosa di impegnativo, qualunque cosa va bene: loro sentono la tua energia, e si dispongono secondo le correnti che l'attività imprime alla tua energia. Coi demoni piccoli è davvero sufficiente una qualunque forma di attività, anche soltanto un po' di ginnastica.»

5

E con i demoni grandi?

«Aspetta, prima ci sono quelli di taglia intermedia. Questi sono già più pericolosi; e sono quelli che vengono cacciati di solito dai vostri esorcisti.

«Si attaccano come i piccoli, e se un uomo è psichicamente debole, questi demoni medi possono interferire con le funzioni della mente e con il sistema nervoso: lo possono perché sono più forti dell'uomo a cui si sono attaccati, e quell'uomo non riesce a fare cose abbastanza impegnative da modellarli e pettinarli.»

E come fanno a interferire?

«Perché imitano l'uomo: si identificano non soltanto con il suo corpo ma anche con il suo io; così trovano la frequenza del suo io e pian piano la occupano. E da lì cominciano a pesare su energie più sottili dell'uomo, sulla mente, appunto, e sul sistema nervoso.»

E anche questo può capitare a tutti?

«No. Solo a chi è troppo debole per sentire lo Spirito. Succede un po' come gli animali da preda, che nel branco attaccano i più deboli. Quando una persona non riesce più a sentire *ciò che non cambia* vuol dire che si sta indebolendo, ed è come se in questa persona il confine tra lo Spirito e il futuro diventasse più angusto, come se gli si rattrappisse, dentro. Allora per questa persona il futuro diventa più grande: non più importante, o più lungo, solo più grande e ingombrante. Tante persone sono così. Quelli che nel loro lavoro cercano un riparo dalla paura del futuro. O anche quelli che si sposano per paura del futuro...»

E neanche da questi demoni medi ci si può liberare?

«Da soli no, di solito. Gli esorcisti cacciano questi demoni imprimendo energia. È come una trasfusione di energia. Lo Spirito allora torna a occupare un'area più grande, in queste persone, e i demoni medi si staccano, perché non hanno più spazio di manovra.»

E dove vanno, quando si staccano?

«Hanno i loro cunicoli, nella realtà. Li vedono solo loro e solo loro ci entrano, non val la pena di saperne niente. Sono soltanto cunicoli vuoti.»

6

E in che senso influiscono sulle funzioni della mente?

«Le disturbano, o le rovinano anche. Anche gravemente.»

Allora se si agisse su questi demoni si potrebbero curare le malattie psichiche?

«Mm, non sai cosa stai domandando. Non esiste una cosa che si possa chiamare malattia psichica. Sarebbe come parlare di una malattia del paesaggio o di una malattia delle correnti marine.»

Be', la schizofrenia, la depressione, le psicosi.

«No, ascolta, stanno così le cose. Queste che voi chiamate malattie psichiche, schizofrenia, depressione, psicosi ci sono in chiunque, e sono come scogli intorno ai quali fluisce il mare, con le sue correnti, le onde, e così via. E la vostra vita psichica è fatta di queste scogliere e di queste correnti: e finché gli scogli sono scogli e il mare è il mare, tutto va bene, e le scogliere regolano le correnti vicino alla riva.

«A volte gli scogli si sgretolano un poco qua e là, e questi sono i vostri normali disordini psichici: piccoli fastidi, piccoli allarmi. Altre volte gli scogli crollano, crollano intere scogliere, e questi sono i crolli psichici: quando succede ci sono gorghi, malesseri, ruderi di scogliere; e poi bisogna aspettare che il mare trovi nuovi percorsi per le sue correnti, modificando intere correnti per adattarsi al crollo avvenuto in quel punto. E la cosa può richiedere anche un tempo molto lungo. Capisci, sì?»

Sì.

«Ecco, e i demoni purtroppo hanno il potere di alterare la distanza tra scoglio e acqua. È lì che agiscono, indebolendo la consistenza dello scoglio e rendendo più densa la consistenza dell'acqua, lì dove sono loro. E contribuiscono a quei crolli, o a volte li provocano anche.»

Appunto: e non si può agire sui demoni, impedirglielo?

«Praticamente no. Si può intervenire solo prima che agiscano loro, e fermarli con afflussi di forza e disciplina interiore, con interventi paesaggistici, diciamo così. Ma prima che un demone cominci ad agire, nessuno si accorge di averlo. Mentre se ha cominciato ad agire, è perché da diverso tempo le energie della sua vittima erano in disordine, indebolite...

«Perciò, l'unico modo è proteggersene per tempo, mantenendo in equilibrio le proprie energie, e accorgendosi di questo equilibrio.»

7

E dopo i crolli cosa si può fare, quando i crolli sono grandi?

«Contro i demoni, dici? Qualcosa si può fare, sì. Ma voi non sapete ancora come, e non ne siete ancora capaci.

«Dopo i crolli, in genere, i demoni diventano più liberi e più vivaci. Sanno come usare i gorghi, sanno come prolungarli, e sono contenti di poterlo fare. Da un lato, ciò dà loro più coraggio, e cominciano ad agire più intensamente sulla personalità, imitandola e identificandovisi, certe volte addirittura riempiendola di sé, in gran parte. Allora nemmeno gli esorcisti non riescono a toglierli più, perché tutta l'energia che riescono a comunicare va a loro, ai demoni, e li nutre.

«Ma d'altro lato, i demoni diventano più stupidi, dopo i crolli. Il demone è già un essere stupido di suo, in quei momenti lo diventa ancora di più. Così si può riuscire a ingannarlo.

«Bisogna placarlo, rendendogli onore, trattandolo come un padrone di casa, vezzeggiandolo. Se si è bravi, si riesce davvero a placare un demone fino a confonderlo completamente.

«E nel frattempo bisogna comunicare energia a chi ha subìto il crollo. Questi due procedimenti paralleli potrebbero ottenere qualche risultato, nelle malattie psichiche, come le chiami tu, ma non sapete usarli.»

E perché non li sappiamo usare?

«Perché sapete troppo poco. Non conoscete né la lingua dei demoni né le energie che occorrono e il modo di comunicarle. E non conoscete nemmeno le correnti della vostra vita psichica. Perciò potete essere di pochissimo aiuto, per ora, a chi ha quelle che voi chiamate malattie psichiche.»

E possiamo imparare?

«Certo. Quando sapete cosa imparare, potete imparare benissimo. Per ora non lo sapete.»

I giganti

I nefillim e i gibborim, figli degli Angeli.
Come si formano i giganti, e la loro funzione
nella storia. Il potere; e la sapienza nell'arca.
L'uomo e il diluvio.

1

«I demoni grossi invece sono i giganti. Possono essere molto potenti e sono proiezioni degli uomini: sono le immagini che voi avete degli uomini, quando li guardate dal punto di vista degli esseri invisibili inferiori all'uomo. Dal punto di vista degli spettri, dei fantasmi, e così via.»

E questo quando succede?

«A periodi. Ci sono periodi in cui gli uomini sono interiormente simili a questi esseri minori, e hanno il loro stesso punto di vista. Così, pensando a se stessi, o ad altri uomini, vedono giganti, senza capire che cosa siano in realtà quei giganti.»

E sono soltanto proiezioni, non esistono di per sé?

«No. Voi li percepite in quelle vostre proiezioni, e quelle proiezioni sono il luogo in cui i demoni grossi possono entrare in contatto con il vostro mondo.

«Sono i giganti dei miti, i titani, i nefillim e i gibborim di cui parla la Bibbia. Vai a vedere cosa dice la Bibbia, sui giganti, nel libro della *Genesi*. È appena prima del diluvio, là dove dice che gli Angeli avevano figli dalle donne umane.»

2

Vado a vedere, su, nella mia stanza nella realtà.

> C'erano dunque i giganti, i nefillim, a quei tempi – e anche dopo – quando i figli di Dio si univano a figlie degli uomini e queste partorivano loro dei figli: sono questi i potenti dell'antichità, i gibborim, gli uomini famosi.
>
> [*Genesi* 6, 2]

«Quelli sono i demoni grandi» spiega il Dominante. «Sono un po' meno grandi di come gli uomini vedrebbero gli Angeli, se li vedessero: perciò il racconto dice che sono figli degli Angeli, cioè che ricordano gli Angeli nell'aspetto ma non sono identici a loro.»

Dunque non erano figli degli Angeli?

«No, gli Angeli non procreano, o almeno non nel senso che intendete voi. E questi nefillim e gibborim c'erano allora così come ci sono adesso. Tutte le volte che gli uomini vogliono vedere in qualche altro uomo un capo, un potente, ciò che proiettano su quest'uomo è in realtà una forma demonica, la forma dei demoni grandi.

«È una delle cose che avvengono più di frequente nella vostra storia. È quello che voi chiamate il potere, nei vostri libri di storia. L'uomo su cui gli altri uomini proiettano questa forma, può intuirlo o no: se lo intuisce (e i più ci riescono, perché non occorre molta intelligenza), se ne serve e gli torna molto utile per i suoi scopi; se non lo intuisce, fa semplicemente quello che fa, senza capire che cosa gli permetta di farlo.

«Ma nell'uno e nell'altro caso quella forma titanico-demonica esiste di per sé, indipendentemente dall'uomo su cui è proiettata, e si nutre proprio di quel particolare modo in cui lo guardano gli altri uomini, dal livello degli esseri minori.»

E anche questi demoni sono grumi di futuro e paure del futuro?

«Tutta la loro grandezza è fatta di futuro e di paura del futuro. È questa la sostanza che gli uomini vedono in loro, senza accorgersene, quando li guardano a quel modo. E di questa paura è fatto ciò che nei libri di storia voi chiamate: il potere.»

3

«E siccome gli uomini non sono esseri minori, quel modo di guardare viene vinto, prima o poi, o da un uomo o da un Dio che salva un uomo.

«Davide che vince Golia. Ulisse che vince Polifemo. Giove che vince i titani, e Dio che manda il diluvio ai tempi dei nefillim, e si salva solo un uomo con la sua famiglia, e con la sua immagine del mondo chiusa in un'arca.»

L'arca di Noè conteneva la sua immagine del mondo?

«Conteneva sapienza fertile. La sua famiglia e una coppia di ogni specie animale, dice la Bibbia: cioè di ogni conoscenza viva. Noè è ogni uomo che riunisce dentro di sé soltanto conoscenze vive capaci di produrre altra conoscenza. Questo è un buon modo di guardare al futuro. E resiste a qualsiasi diluvio.»

E l'arca cos'è?

«L'arca è il punto di vista dell'uomo, al livello dell'uomo e non degli esseri invisibili minori dell'uomo.

«Noè nell'arca siete voi, quando vi accorgete di esserlo. E quel punto di vista ha la forma di un'arca e galleggia sempre, perché appena prende forma tutto il resto diventa diluvio. Quando voi riuscite a guardare dal punto di vista dell'arca, tutto il vostro Aldiqua diventa il diluvio, in cui tanti altri affogano e in cui la storia di cui parlano i vostri libri affoga continuamente. Perché un Noè ne possa uscire, occorrerebbe che un diluvio vero sommergesse il mondo e poi si prosciugasse. Questo significa il racconto di Noè.»

4

Cioè, l'uomo non può uscire da quest'arca?

«Per adesso no. Non lì da voi sulla Terra.

«E fuori dall'arca i giganti sono nella vostra storia di cui parlano i libri di storia, e la muovono continuamente, sempre nello stesso modo drammatico e pieno di guai.

«Vogliono dominare l'uomo, o mangiarlo, come Polifemo. Non sanno che altro farne; e una gran quantità di uomini non sa che altro fare, se non lasciarsi dominare e mangiare dai giganti. Oggi, per esempio, i vostri giganti sono le forze della grande finanza. In altri tempi erano gli imperi, certi imperatori, i dittatori, i capi. Ultimamente vi siete un po' evoluti e così non vedete sempre i giganti in forma umana, ma vedete forze. Invece di proiettare l'immagine del vostro corpo proiettate immagini più astratte. È pur sempre un progresso.

«Però la proiezione funziona sempre allo stesso modo: voi vedete queste forze, le vedete immense perché le guardate da un punto di vista inferiore a quello dell'uomo, e vi fate dominare e vi lasciate mangiare da queste forze.»

Che in realtà sono i demoni grandi.

«Sì. E succede e comincia a succedere sempre allo stesso modo. Voi siete Spirito e lo Spirito non tollera di venir cambiato, di diventare più piccolo o più grande. Quando l'uomo cerca di cambiarlo in se stesso, per paura del futuro, ciò produce e alimenta i demoni, che sono il contrario dei desideri.»

«I desideri sono proprio il modo opposto di guardare al futuro» dice l'Austero.

Cioè, i desideri sono proprio come l'arca, e l'arca viene portata in alto dalle acque del diluvio proprio così come anche noi saliamo quando impariamo a desiderare?...

«Sì. È un altro modo che avete di percepire la vostra crescita. È sempre la stessa cosa che dicevamo nei capitoli sui desideri, solo vista in un altro modo.

«Ma, d'altronde, è tutto una cosa sola, sai.

«Così come qui da noi è tutto un istante solo, allo stesso modo è tutto una cosa sola, dappertutto, nell'universo.»

Le malattie e gli Angeli

La superiorità delle malattie nella scala evolutiva.
Loro funzione. L'evoluzione delle malattie.
L'evoluzione delle nevrosi. Le malattie e gli Angeli.
Struttura e indole degli Angeli.
Gli innamoramenti degli esseri spirituali.

1

E perché succede sempre così, fin da prima del diluvio, e non cambia mai?

«Perché la vostra evoluzione è lentissima, è la più lenta di tutte. Voi non ci tenete a evolvervi, e avete ragione, perché per ora non è questo che dovete fare. Un essere si evolve quando ha già realizzato tutte le sue potenzialità, tutto di sé; allora diventa qualcosa di diverso. Ma voi avete appena cominciato, siete appena arrivati e state ancora soltanto accorgendovene.»

Appena arrivati! Gli uomini si evolvono da almeno due milioni di anni, secondo noi.

«"Secondo noi"! Voi non l'avete, il *secondo noi*» dice l'Austero. «Avete solo tanti *secondo me*. Noi abbiamo il *secondo noi*, e non è stato facile averlo; e possiamo vedere com'è secondo voi. Ma voi non lo vedete, com'è per voi.»

Be', è comunque quello che impariamo dove si insegnano queste cose.

«Non è quello che imparate» insiste l'Austero, «è solo un modo per impedirvi di formulare domande. Il *secondo noi* è tutt'altra cosa. Tutt'altra cosa.»

«È vero; non pensare ai due milioni di anni» dice il Dominante. «Sono solo numeri, e numeri che non conoscete. Voi siete appena arrivati davvero. Siete stati gli ultimi, nella creazione, e continuate a nascere in posti che conoscete appena. Tutti gli altri esseri viventi sono più evoluti di voi, e si evolvono molto più rapidamente di voi: il fatto stesso che non ve ne accorgiate e pensiate di essere i più evoluti di tutti dimostra che siete proprio dei novellini.»

E quali sono invece gli esseri più evoluti di tutti?

«Tra gli esseri viventi? Le malattie, senza dubbio.»

Le malattie?

«Tra gli esseri viventi, sì. Le malattie sono il più alto livello evolutivo raggiunto da esseri del vostro mondo: la più complessa forma di adattamento, e la più grande.»

2

Vuoi dire le malattie vere, lebbra, vaiolo, influenza?

«Certo. Sono gli esseri più complessi e invulnerabili, non muoiono mai, sono troppo evoluti anche per morire. Per esempio, hanno raggiunto la più alta maestria nell'uso degli spazi intermedi tra la loro sostanza vitale, cosa questa che voi avete cominciato a tentare soltanto nel pensiero, e con grande timore.»

Gli spazi intermedi?

«La distanza tra i tessuti, tra le molecole, tra le energie vitali di uno stesso organismo. In voi questa distanza è insignificante, nelle malattie è immensa, e infatti sono organismi immensi. Sono immense e sole, troppo evolute persino per trovare compagni.»

Ma non sono una moltitudine di germi, batteri?

«No, i germi e i batteri sono ciò che riuscite a vederne voi con i microscopi. Ma credere di vedere le malattie con i microscopi è come voler vedere la forma di un uomo studiando al microscopio una sua cellula.»

Ogni malattia è un essere intero, una specie di immenso corpo?

«Certo. Un sistema, come il vostro corpo, ma infinitamente superiore. E infatti l'unica cosa che la malattia può fare ancora è insegnare: dato che è talmente superiore a tutti gli altri esseri, qualunque cosa fa è per forza un insegnare, agli organismi, alle anime.»

Un po' come voi con noi?

«Molto di più. Da voi, le malattie uniscono popoli e culture diverse fra loro, insegnando a tutti i corpi e a tutte le menti una quantità di cose, che voi per lo più non vi accorgete mai né di aver capito né tanto meno da chi le avete capite.

«Il che alle malattie non importa affatto. Sono davvero esseri troppo evoluti, e non si curano del vostro io individuale, che è molto più indietro rispetto a loro. Che le vostre menti si accorgano di imparare da loro, a loro non interessa. Alle malattie importa soltanto che le cose che insegnano comincino a esistere negli esseri, nelle loro fibre. Perciò entrano nei corpi: li abitano, li diventano per un po', e quando i corpi muoiono o guariscono, le malattie proseguono, lasciandosi indietro ogni volta esseri con fibre più sapienti.»

Ma uccidono, oltre a insegnare.

«Non è che uccidano. È che un essere, o impara o muore. È la legge di tutti. Le malattie hanno imparato.»

3

E cosa insegnano?

«Ciò che sono. Cos'altro si può insegnare? Insegnano sistemi: modi di pensare e di risolvere, circuiti del pensiero e dell'energia. Per lo più, come ti ho detto, voi non vi accorgete di impararli: rimangono nelle vostre fibre, e solo molto tempo dopo la malattia cominciate pian piano a usarli, e a volte soltanto millenni dopo cominciate a capirli.»

E prima com'erano le malattie? Prima di evolversi tanto.

«Erano energie. Erano le energie delle passioni: quelle che una volta dipingevate come draghi. Era una buona ipotesi, quella dei draghi: quando pensavate che le passioni fossero mostri alati e con le squame.»

Era vero?

«No, ma c'eravate vicini. Anche le energie che alimentano le vostre passioni sono sistemi, come le malattie, e l'immagine dei draghi descriveva abbastanza bene il loro modo di muoversi e il loro comportamento. E già prima che cominciassimo a nascere sulla Terra, alcune di queste energie avevano cominciato a evolversi, e sono diventate malattie, mentre altre, le più blande, sono rimaste più o meno com'erano.

«Gli uomini questo processo l'hanno visto in parte da qui, e in parte da vicino, sulla Terra, quando hanno cominciato a vivere lì. Perciò adesso riuscite a ricordarvene qualcosa, confusamente: qualcosa è rimasto impresso in tante vostre strutture profonde, e voi lo fate emergere in alcune vostre imitazioni inconsapevoli, quando parlate dell'evoluzione. Ma quando ne parlate siete sempre convinti che riguardi voi, e non quelle energie: che sia un tracciato dei vostri immaginari processi evolutivi, i quali invece non ci sono stati, non ancora.»

Noi non ci siamo evoluti dalle scimmie e così via?

«No, no. Le scimmie sono molto più evolute di voi. E lo svantaggio maggiore di questa vostra ottusa voglia di immaginarvi tanto evoluti è che non vedete il vostro vero contributo all'evoluzione. Voi *fate evolvere* esseri, senza accorgervene, come al solito. È questo che fate e che dovete fare.»

Un po' come le malattie.

«No, in tutt'altro modo. Voi non li fate evolvere dall'alto, non sono esseri inferiori a voi. Avete tecniche vostre, più faticose: li attaccate, li inseguite per trasformarli.»

4

Vuoi dire quando alteriamo gli equilibri naturali e distruggiamo le specie?

«Non solo. Questo lo fanno anche altri esseri viventi, oltre a voi. Voi avete prodotto evoluzioni più sottili e laboriose, più accanite. Con le nevrosi, per esempio.»

Cioè attraverso le nostre nevrosi siamo riusciti a...

«No, il contrario. Quelle forme di coscienza che voi chiamate nevrosi sono un anello evolutivo intermedio che voi avete fatto comparire. Non tutti voi, alcuni soltanto: i vostri cosiddetti "santi" delle varie religioni. Prima di diventare nevrosi, quelle forme di coscienza erano ciò che voi chiamavate diavoli. I santi li scovavano, li affrontavano e li assimilavano tormentosamente, e le varie componenti della psiche dei santi trasformavano quei diavoli, così come il vostro stomaco trasforma il cibo. È stata un'impresa tremenda, molti santi ci sono morti. È stato tanto tempo fa, per voi. Adesso da molto tempo non avete più né diavoli e nemmeno santi, e avete in compenso molte nevrosi che continuano la loro evoluzione, molto rapidamente, ancora sull'impulso di quel processo operato dai santi.»

E cosa diventano le nevrosi evolvendosi?

«Prendono forme concrete, materiali e diventano invenzioni dell'uomo: macchine, carri armati, bombe atomiche, medicine.»

Ma non avevi detto che le invenzioni dell'uomo sono immagini dell'Aldilà, imitazioni inconsapevoli?

«Sì, *le loro forme* sono imitazioni di cose che ricordate dall'Aldilà. Ma ciò a cui date queste forme sono le nevrosi. E gli inventori continuano l'opera dei santi: i santi scovavano e trasformavano ciò che voi oggi chiamate nevrosi, e gli inventori continuano a trasformarle.»

E poi cambiano ancora, dopo essere diventate invenzioni?

«Sì, poi si evolvono ancora, e diventano conoscenze segrete, cioè argomenti delle nostre conversazioni con voi. Come adesso, appunto. Quasi tutte le vostre conoscenze esoteriche sono il prodotto di questa evoluzione: prima di diventare conoscenze sono state invenzioni, che prima erano state nevrosi, che prima erano state percepite come diavoli.»

E prima ancora?

«Basta così. Non c'è un altro prima. Il passato finisce a un certo punto, ne abbiamo già parlato, no?»

5

E anche il futuro finisce: le evoluzioni finiscono a un certo punto?

«Sì, certo.»

Così le malattie sono arrivate al punto estremo e non si evolvono più?

«Sì e no. Il futuro finisce, e più in là delle malattie non c'è niente, nel vostro mondo. Ma più in là le malattie cambiano ancora, si evolvono ancora, ed è un cambiamento che le porta in un'altra sfera, perché nel vostro mondo non potrebbero diventare nulla di più perfetto.»

«Adesso si meraviglierà molto, a sentirlo» dice l'Austero, con un sorriso.

«Diventano Angeli» dice il Dominante.

Alle malattie crescono le ali e diventano Angeli?

«Più o meno. Le loro dimensioni aumentano, il loro essere cambia ancora, e diventano Angeli.

«Anche per questo le malattie sono portate a insegnare, e a spostarsi tanto, e non trovano un compagno: perché procedono verso questa evoluzione angelica, presentono già questo destino di Angeli messaggeri.

«E per la stessa ragione, voi immaginate gli Angeli come messaggeri: perché nella vostra Forma lo sapete, che gli Angeli sono il grado ulteriore dell'evoluzione delle malattie.»

E voi li vedete gli Angeli?

«Sì, ma noi con gli Angeli non abbiamo molti rapporti.»

6

«Gli Angeli stanno molto per conto loro. Di voi non si curano per niente; se dipendesse da loro, se non ricevessero ordini, non vi guarderebbero neanche.»

Ordini da altre Gerarchie celesti, da Dio?

«Da chiunque. Gli Angeli obbediscono sempre.»

E come?

«Obbediscono quando li preghi o quando comandi. Non possono farne a meno, per la stessa ragione per cui voi li immaginate come messaggeri: perché non hanno un vero e proprio confine esterno. Ciò che sono non finisce verso l'esterno. Solo verso l'interno, solo al centro del loro essere comincia a diventare qualcos'altro.»

Cioè?

«Immagina un frutto che abbia la polpa infinita, che continua all'infinito. Così sono gli Angeli. E invece del nocciolo c'è quello che voi chiamate la realtà, la realtà esterna, che per essi non è affatto esterna ma è la parte più riposta dei loro pensieri e sentimenti. Riesci a immaginarlo?»[1]

«No.»

«Non è difficile. Gli Angeli sono proprio il contrario di voi. Non finiscono verso l'esterno, mentre voi non finite verso l'interno. Voi siete infiniti dentro, e quell'infinità è per voi la vostra vita interiore; mentre negli Angeli la vita interiore è la realtà in cui vivete voi, la realtà esterna, materiale e finita.»

Com'è possibile che sia così?

«È un'altra sfera, un'altra Gerarchia. Cambia tutto, lì: interno, esterno...»

Ma se per un Angelo l'io si estende all'infinito e la parte più interiore è il nostro mondo, vuol dire che esiste un Angelo solo, e non gli *Angeli.*

«No, te l'ho detto, è un'altra Gerarchia, e lì anche lo spazio e il tempo e l'identità sono tutt'altra cosa. Tu immaginalo così, se non riesci a capire quell'immagine del nocciolo: gli Angeli sono come i giorni per la vostra Terra. Passano, come se avvolgessero la Terra, immensi come la luce. Ecco, se riesci a immaginare un giorno che passa e che non ha una precisa sorgente di luce, hai quasi immaginato un Angelo.»

7

«E perciò li pensate, giustamente, come messaggeri: appunto perché passano così, e sono un'immensa distanza e ciò che la riempie.

«E perciò li immaginate con le ali: perché passano, avvolgono e sono infiniti. Le ali a punta (per voi è come dire infinite, perché voi l'infinito lo immaginate a punta), le loro ali a punta sono un ricordo confuso, di quando li vedevate da qui.»

E sono fatti di luce, come i giorni?

«No, sono come passioni: passano. Li si sente passare così come si può sentire una passione che ti sfiori: ma una passione senza oggetto, astratta.»

E com'è che obbediscono a tutti, se sono così grandi?

«Appunto per come sono fatti. Il vostro mondo e voi stessi siete la loro più profonda interiorità: perciò, quando voi date loro un ordine, succede a loro quello che succederebbe a voi se qualcuno potesse istillare un ordine nella vostra più profonda interiorità. Voi obbedireste senza quasi accorgervene, no? E così fanno anche loro.

«La differenza è che voi cerchereste di obbedire nella vostra immensa realtà esteriore, che voi non dominate, mentre per l'Angelo la realtà è lui stesso – è la sua polpa infinita – e lui la controlla benissimo.»

E un Angelo può far succedere quello che vuole?

«Tutto quello che vuole, e quello che gli fate volere voi.»

E questo vale per gli Angeli custodi o per tutti?

«Per tutti. Gli Angeli custodi come li immaginate voi non esistono: sono soltanto vostre ipotesi, con cui a volte avete cercato di spiegarvi il fatto che gli Angeli obbediscano agli uomini, cosa che per voi è sempre stata molto strana.»

8

Ma non si tratta sempre della questione dei desideri: il pregare, e così via?

«Certo. Te l'ho già detto: è tutto una cosa sola; tutte le questioni diventano sempre una sola. E qui è la stessa questione dei desideri, vista in termini angelici. Prima l'avevamo considerata dal punto di vista vostro, e parlavamo del salire e delle nuvole che arrivano. Qui invece è dal punto di vista degli

Angeli, e i desideri sono l'unico modo che avete di comunicare con loro.»

Voi invece non comunicate con loro?

«No. Non abbiamo cose da ordinargli, e poi non ci intenderemmo comunque, anche se ne avessimo. Per via delle solite faccende, che sapete benissimo: le gelosie per voi.»

Gelosie?

«Le solite vecchie storie» dice il Dominante, e sento che la bambina ride.

«Non è che gli Angeli non vi guardino neanche, come dicevo prima» continua il Dominante. «O meglio, è così ma non è la verità. È che sono molto passionali (erano passioni, una volta) e quindi orgogliosi, sdegnosi, sai. In genere hanno le loro storie sentimentali in altri universi, molto al di là dei vostri e quasi al di là dei loro, e di qui passano solamente. Ma capita anche a loro, ogni tanto, quello che capita a tutti, qui, cioè di innamorarsi di voi. Solo che per loro è soltanto passione, e non diventa quasi mai vero amore.»

E siete gelosi di noi, gli uni con gli altri?

«Più o meno.

«Del resto, tutti i popoli lo raccontano, no? Gli amori degli Dèi greci per gli uomini, il loro invidiarsi l'uno con l'altro gli amori per gli uomini. L'amore geloso del Dio della Bibbia. Gli amori di Melusina, di Pegaso, delle ninfe, delle fate, delle sirenette. Perfino gli amori dei vampiri: quando l'idea dell'amore di un invisibile vi fa paura e vi sembra tabù, voi pensate subito ai vampiri.

«Ed è sempre così, per tutti gli invisibili. È che è bello stare vicino a voi. Fa tenerezza il vostro modo di essere un io, così ingenuo e drammatico. E anche il fatto che non vi evolviate, bloccati lì, in uno dei posti più scomodi e più difficili dell'universo.»

La guarigione

La predilezione delle malattie per gli esseri umani.
L'elemento intermedio.
La facoltà dell'essere, nella guarigione.
Il ristagno di energia. La finzione e la morte.

1

«Anche per questo le malattie vi insegnano: è il loro modo di volervi bene. A voi insegnano più che a qualunque altro essere.»

Nel senso che ci ammaliamo molto?

«Non scherzare su queste cose. Sono tutte importanti le cose che vi insegnano, e sai qual è la più importante di tutte? È che la malattia dà alla vita di un uomo il senso che la vita dovrebbe avere sempre per lui, e non soltanto durante la malattia.»

E per gli animali non è così?

«No, gli animali l'hanno già imparato, questo, e la vita per loro è preziosa anche senza bisogno che le malattie glielo insegnino. Voi invece è allora che lo imparate, quando vi ammalate: e quando la state sprecando, vi ammalate per accorgervene.

«E non è che ve ne accorgiate perché allora avete paura di morire: la paura di morire è solo uno dei modi in cui vi aggrappate al tempo, non alla vita. Quando vi ammalate sentite che la vostra vita è com'è, cioè molto preziosa, proprio perché in quei periodi la malattia, dall'altezza della sua evoluzione, sta insegnandovi cose, vi sta parlando, e voi la sentite vicina, anche se è tanto più grande di voi.»

E questo ci fa sentire importanti?

«Non voi, non il vostro io. Ma la vita che avete, il fatto che siate vivi lì.»

2

«È come quando vi chinate a guardare un fiore.

«Voi siete molto più evoluti dei fiori: vi muovete, pensate, e così via, e dunque tra voi e i fiori non c'è molto dialogo. Ma quando vi chinate a guardarne uno, avete a un tratto una frequenza in comune: tu vedi il fiore e il fiore vede te.»

I fiori ci vedono?

«Una delle poche cose che riescono a fare è vedere. Vivono di luce. Vi vedono, e il vedere vostro e loro diventa allora come una corrente d'energia: un vedere a due capi, come i due capi del filo da cui passa l'elettricità. E in quel momento i fiori si sentono vicini a voi, e preziosi, intensi, e hanno molta paura, a ragione, di solito, perché poi voi li cogliete, uccidendoli. Proprio la stessa cosa succede tra voi e le malattie.»

E quando si sono chinate, come si fa a mandarle via? Come si curano le malattie?

«Le malattie o i malati? Le malattie non si curano, si evolvono soltanto. I malati si curano con la separazione.»

Da cosa?

«Dipende dalla persone. Ci sono molti tipi di separazione, molti modi per ottenere che la malattia si separi da un corpo.

«Può anche essere soltanto la separazione di un pensiero da un altro, di una convinzione da un'altra. Può essere la separazione da una persona, da un ambiente, da un luogo geografico. O dal proprio passato. O dal proprio presente. Da un'infinità di cose.

«Le malattie non possono attaccarsi immediatamente all'uomo, appunto perché il loro livello d'evoluzione è molto superiore al vostro: hanno bisogno di un elemento intermedio che le congiunga a voi, e che è come la corrente di energia che c'è nel vedere, quando guardate i fiori. Questo elemento intermedio, a cui vi congiungete, può essere infinite cose, e quando ve ne staccate, riuscite a guarire.»

No, questo non si capisce proprio.

«Sì che si capisce. È così come ti sto dicendo. Ciò che vi attrae quando guardate i fiori è il colore, perché il colore è l'unica cosa che capite, dei fiori; non ne capite altro: sono troppo elementari per voi. E così anche le malattie, quando si avvicinano a voi, sono attratte da ciò che capiscono in voi, da ciò che in voi è più vicino a loro: e che è ancor sempre la passione. Sono le vostre passioni più sottili, le più grandi, quelle di cui voi stessi non riuscite a essere consapevoli, perché sono tanto sottili e grandi. Queste passioni vi legano a cose, a persone, e voi non sapete quasi mai a cosa e a chi. Le malattie, quando vi guardano, colgono questo legame e da questo legame sono attratte. Ecco tutto.»

Perciò chi non ha passioni non si ammala?

«Tutti hanno passioni. Chi ne ha di molto deboli, è più al sicuro dalle malattie, ma non è una condizione invidiabile, avere passioni deboli; mentre chi incomincia ad ammalarsi e riesce a staccarsi dall'oggetto di quella sua passione che ha attratto la malattia, guarisce rapidamente, a volte prima ancora di accorgersi d'essere ammalato.»

3

Però bisogna sapere qual è la passione da cui staccarsi, qual è il suo oggetto, e riuscire a separarsene... E come si fa?

«Come fate sempre quando guarite. C'è un solo modo: bisogna *essere* ciò che opera la separazione. È questo che fa guarire da tutto.»

Da tutto tutto?

«Sì. Da quale oggetto di passione dobbiate separarvi, non lo potete sapere: la vostra conoscenza, la vostra mente non possono aiutarvi, perché sono troppo piccole e ottuse per queste cose. Perciò dovete agire con un'altra vostra facoltà, più grande e più sottile: con l'essere.»

E quale facoltà è, l'essere?

«L'essere. Tu vedi una cosa, e quella è la facoltà del vedere. Capisci una cosa, e quella è la facoltà del capire. E sei questo, o quest'altro, e quella è la facoltà dell'essere, la vostra facoltà più grande e sottile. L'essere, semplicemente.

«Immagina la guarigione come un'operazione chirurgica: un medico deve separare da te l'oggetto di una tua passione, deve recidere quella passione con un bisturi. D'accordo? Bene, e per guarire, tu devi *essere* il bisturi che taglia, e la mano che tiene il bisturi, e il medico che muove la mano, e tutto quel seguito di circostanze che ti ha fatto incontrare quel medico in quel momento.

«Per guarire, devi *essere* tutto questo. Se ci riesci, guarisci. Se non riesci a esserlo, qualunque cosa ti facciano i medici, tu non guarisci, o guarisci soltanto per ammalarti subito dopo.»

Cioè, le cure mediche non contano e conta soltanto questo essere?

«Ah, non ho detto questo. C'è una gran quantità di voi che per operare la separazione e guarire preferisce *essere* ciò che ha a che fare con la vostra medicina. Ma di sicuro, qualunque cura può far guarire, medica o non medica, se uno riesce a *esserla*: anche uno schiaffo o un bicchier d'acqua possono far guarire da qualsiasi malattia, se uno riesce a vedere in essi uno strumento di separazione, e a esserli. E tutte le vostre dottrine mediche sono in realtà forme rituali per suscitare in voi questa facoltà dell'essere, che vi guarisce; e tutte le vostre dottrine mediche funzionano fino a che riescono a suscitarla.

«Lo vedi tu stesso, no? Persone diverse che hanno una medesima malattia guariscono con cure completamente diverse tra loro. Mentre altri non guariscono con nessuna cura. E questa che ti sto dicendo è la ragione per cui succede così. Dipende solo dall'essere.»

4

E perché proprio dall'essere?

«Perché l'essere è ciò che riempie le passioni: nelle vostre passioni voi *siete* più intensamente; è la vostra facoltà di essere che le riempie. Quando una malattia si attacca a una vostra passione, e attraverso quella a voi, voi ve ne liberate spostando la vostra facoltà di essere, da lì a qualcos'altro. E siccome questa vostra facoltà è grande e sottile, sa da dove allontanarsi, quando voi la usate per guarire.»

E come succede, come la si può usare consapevolmente?

«È una piccola impresa. Non è una grande impresa. E questa è la difficoltà.

«Uno che si è ammalato è sempre, sempre, sempre uno che avrebbe potuto fare grandi imprese: perché per riuscire ad ammalarsi bisogna avere molta energia disponibile, molta energia inutilizzata, che alimenti passioni grandi. Per lo più, quelli che stanno per ammalarsi girano con voluminosi fardelli di energia che non usano, e quando si ammalano stanno facendo piccole cose, imprese più piccole di quelle che potrebbero fare. Se invece in quel momento stessero facendo cose più grandi, non si ammalerebbero.»

Ci si ammala soltanto quando si fa molto meno di quel che si può?

«Sì, quelli sono i vostri momenti vulnerabili. Capitano a tutti. E il problema, quando uno si ammala, è che deve usare quella sua grande energia convogliandola in un'impresa che richiede pochissimo sforzo: nell'essere, appunto.

«Per essere non occorre quasi nulla, bisogna soltanto eliminare piccole resistenze. Quale sforzo occorre, per essere ciò che siete? Poco, no? Allo stesso modo potete essere qualsiasi cosa: le piante sul davanzale, il cortile, la città, il cielo, il mondo intero. Nulla ve lo impedisce, è sufficiente che non tratteniate il vostro essere dentro di voi.»

5

Dunque, vediamo se ho capito: se uno ha una passione grande e segreta, di cui magari non è consapevole lui stesso, prima o poi qualche malattia viene attratta da quella sua passione, e si china verso di lui; e se in quel momento lui ha molta energia inutilizzata, la malattia gli si attacca....

«Sì.»

E se lui rimane com'è, non guarisce. Se invece riesce a essere, a estendere il suo essere a una qualsiasi cosa che possa operare la separazione tra lui e quella sua passione, allora guarisce, indipendentemente dalla qualità della cura.

«Sì. E qualsiasi cosa va bene, qualsiasi medico o fattucchiera, purché tu ci creda e riesca a spostare su di loro il tuo essere.»

E quella che chiamate separazione è il fatto che grazie a quello spostamento la sua passione si svuota e la malattia non lo vede più?

«Più o meno. La malattia vede altri, che non hanno ancora operato la separazione, ed è attratta da loro.»

Un po' come il fulmine è attratto dagli oggetti metallici?

«Sì. E fermati qui.»

6

Perché?

«Perché fin qui è utile, e da qui in poi ogni spiegazione è controproducente. Se adesso capite qualcos'altro, di questo fatto, quello che ti ho detto non agisce più; se invece smetto di spiegare qui, queste cose che ho detto ti serviranno sempre, e guarirai sempre, se le adoperi.

«Fin qui è finzione, capisci? È immagine. E la finzione e le immagini custodiscono il potere, per voi come siete ora. La spiegazione invece genererebbe nomi, in voi, e i nomi farebbero sparire molte parti di questo potere.»

7

E anche tutti gli altri nostri poteri li abbiamo nella finzione, nelle immagini?

«Certo, perciò parliamo così, con voi. È la stessa questione del velo di Mosè: se togliete quel velo, perdete i vostri poteri.»

E perché hai detto "per voi come siete ora"?

«Perché poi ti insegneremo altre cose e diventerai diverso da ora, imparerai a usare l'essere in un altro modo.»

Nei prossimi capitoli?

«No, più avanti.

«La finzione comunque è molto utile, molto. Pensaci, poi, con calma. La finzione è essere altrove. E serve non soltanto per le malattie, ma in genere per tutto quello che riguarda la morte. Anche in guerra, chi pensa di essere davvero un soldato, muore; chi finge di esserlo, non muore. È sempre così.»

Sempre? Allora chi finge sempre non muore mai?

«Sì. Chi sa di fingere non muore.

«Perciò se uno riuscisse per mille anni a fare cose grandi con le sue energie, non morirebbe per mille anni: perché anche quando fate cose grandi, è sempre mediante la finzione che le fate. È sempre una forma d'arte, come dite voi.

«E anche se uno riesce semplicemente a fingere per mille anni, non muore per mille anni.

«Ma dopo un po' la cosa viene a noia, e così si muore prima o poi. Si prende sul serio una qualsiasi delle proprie finzioni, e si muore.»

Ed è sempre così?

«Sempre.»

Sulla lotta con i draghi

Una volta, poco dopo la morte di un amico che mi era molto caro, domandai agli Spiriti se ci fosse una qualche possibilità di attaccare direttamente una determinata malattia, cioè non nell'organismo dei malati, ma nel suo stesso organismo tanto vasto ed evoluto.

«E perché vorresti farlo?» mi chiese lo Spirito *féerique,* quello che compare di rado, e solo quando sono commosso.

Perché mi piacerebbe guarire per sempre la gente da certe malattie.

«Le persone che hanno avuto quella malattia ne avrebbero avuto certamente un'altra al suo posto, se qualcuno l'avesse eliminata» disse il Dominante. «Se si sono ammalati vuol dire che hanno attraversato tutta una serie di processi preparatori alla malattia...»

Sì, ma dovevano essere per forza processi che li preparavano a quella *malattia, e non a un'altra. Quindi se quella malattia non ci fosse stata, non si sarebbero ammalati.*

«Questo può essere in piccola parte vero» ammise il Dominante.

«Cioè, cosa vorrebbe fare?» domandò l'Austero, con aria seccata. «Attaccare una malattia, lui? Per ucciderla?»

O per prenderla prigioniera.

«Assurdo» disse l'Austero.

«No, perché?» sorrise lo Spirito *féerique.* «Si può. È successo già.»

«Assurdo» insisté l'Austero, «distruggere una malattia, che insegna tante cose preziose! Una malattia che evolvendosi diventerà un Angelo!»

Se la si uccide, non si accelera la sua evoluzione?

«No, le malattie sono esseri singoli» disse l'Austero. «Ognuna di loro è come una specie intera. Quando muore, è tutta la specie che muore. E tu ti assumeresti una simile responsabilità?»

E dite che è già successo? domandai dopo un breve silenzio.

«Be', sono le lotte contro i draghi. Ne avrai sentito parlare, no?» disse il Dominante.

Già.

«Era una tendenza asiatica, più che vostra. Molti sciamani hanno dato la caccia per secoli a diverse malattie, sottoforma di draghi, appunto, fin dalla preistoria, e alcune le hanno uccise. In Europa lo si è saputo qua e là all'inizio del Medioevo; e sono nate così le vostre immagini di lotte con il drago, appunto perché il drago, le passioni, erano state il precedente grado evolutivo delle malattie.»

E in Europa lo si sapeva consapevolmente?

«No, in Asia lo si era saputo e a quel tempo lo si era già dimenticato, per lo più. In Europa fu una specie di intuizione inconsapevole collettiva, diciamo così. Giusta, d'altronde. Un raro caso.»

Comunque si può ucciderle? domandai.

Altro breve silenzio.

«È un'impresa ardua» disse il Dominante. «I draghi erano astuti ma le malattie lo sono infinitamente di più.»

Esiste qualche segreto per assalirle?

«Tutti segreti di tecnica militare. Sono azioni militari, lotte di forza. Solo i cavalieri ci riescono, e dovresti diventare un cavaliere, o comunque un militare di quel tipo, per capirne qualcosa.»

«Ci vogliono anni e anni» precisò lo Spirito *féerique.*

«La differenza con un Don Chisciotte che combatte contro i mulini a vento» continuò il Dominante «è che per affrontare le malattie ci vogliono appunto anni e anni di preparazione faticosa.»

«Però si può, certo. Tutto si può.»

E voi potreste insegnarlo?

«No, ma potremmo trovarti i Maestri.»

«Perché non impari qualcosa di meno dannoso?» domandò l'Austero.

Lo chiedo solo così, in via teorica.

«Dovremmo trovarti i Maestri» continuava il Dominante «e tu dovresti trovarti dei compagni che ti possano venire a prendere nel caso non riuscissi a tornare. Noi non potremmo fare molto, là. E ovviamente, nessun altro lo saprebbe o ci crederebbe mai.»

Era soltanto un'idea, un'ipotesi, così.

Ma a dire il vero ci ho pensato spesso, da allora.

La nascita

I sentimenti e le sensazioni che si provano
nel momento della morte.
Cause della paura di morire. La gestazione.
Le pressioni del corpo e il senso di solitudine.
La scelta dei genitori e del luogo di nascita.
Le nascite multiple. Il parto. Le prove.

1

E nella morte si soffre, a parte le sofferenze fisiche?

«Sì.

«Nel momento della morte c'è la fine delle pressioni del corpo, perché il corpo è pressione, e le pressioni sono il corpo. E il fatto che queste pressioni finiscano dà un po' di gioia; ma lì molto più forte della gioia è la sensazione, amara, amara, di star lasciando tante cose che non amavi, ma a cui eri attaccato.

«Dispiace per quelle cose, per tutto il tempo che ci si è trascorso con esse. Dispiace per l'attaccamento a quelle cose, che sono tutto ciò che costituiva la vita lì, e che fino all'ultimo momento sembra di solito tanto importante.»

«Si è molto tristi in quel momento» dice la voce di bambina.

«Molto. È questa tristezza il dolore della morte, pesante, aspro dolore. È il dolore di aver lasciato prima la propria casa, e di avere attraversato la vita lì e di tornarne adesso, mentre si sarebbe potuto non allontanarsene mai.

«È di questa tristezza che ha paura l'uomo, quando ha paura di morire. Non lo sa, ma è questa la sua paura. E siccome la presentisce, cerca di prepararcisi durante la vita; e molte volte prova a morire, durante la vita, sperimenta molte morti.»

Se le immagina?

«No no, sul serio le attraversa. Ce ne sono sempre molte, prima della morte vera. È quando uscite dalle pressioni di una qualsiasi condizione che vi imprigiona e a cui vi siete aggrappati. E vi cercate apposta condizioni e situazioni sbagliate, penose, terribili, e vi ci sprofondate apposta, solo per uscirne: perché sapete che sarà così alla fine, e vi preparate così.»

«E le più terribili e le più penose, le cerca chi ha più paura» dice l'Austero.

Ed è utile prepararsi prima?

«No, è solo paura. Basta la nascita, come preparazione. La vostra nascita prepara già a tutto.»

2

Come succede che nasciamo? Come entra lo Spirito nelle cellule fecondate?

«Molto lentamente. Tutta la gestazione è un lungo entrare nella dimensione vostra, fisica: nelle pressioni. Ogni giorno un po', ogni ora un po', e a ogni minuto qualcosa cambia in ciò che è già entrato. E lì dove cambia, lo Spirito si sta mescolando alla vita, al futuro.»

All'elemento chimico del futuro?

«Sì. Ed è un periodo di grande tensione, anche dolorosa. Le parti che voi non conoscete e che non potete conoscere, cioè le parti fisiche vive, come sono da dentro, nelle cellule, per noi sono immagini di sofferenza. Lì comincia la pressione del corpo, la compressione che si accumula sempre più.»

Ed è così per tutto il tempo, per tutti i nove mesi?

«Sì. Ci si sente lì sempre di più, e si sente il bisogno di essere a casa, qui dove si era prima. E non si può più. Si è prigionieri, si sente che non c'è più scampo.»

«Come quando vi ammalate per morire, tale e quale» dice l'Austero.

«A certi piace, d'altronde» dice il Dominante. «Piace a chi si sente protetto, lì, perché prima qui da noi si sentiva a disagio.

Di solito, poi, questi che da noi erano a disagio e che si sono sentiti protetti lì dentro, diventano persone molto antipatiche a tutti nel vostro mondo, e si intendono soltanto con quelli antipatici a tutti come loro. A loro la gestazione piace soprattutto perché sono contenti di essere soli.

«Per gli altri invece è proprio questa la cosa più difficile: il sentirsi soli, mentre qui non capita mai di sentirsi soli.»

«E lì si piange, a stare da soli» dice la voce di bambina.

3

E la madre non la si sente durante la gestazione?

«No, non ancora. Prima la si sentiva, ma quando stai entrando lì senti soltanto il tuo corpo che preme. E diventa un lavoro enorme, sentirlo: le pressioni che via via si accumulano e danno forma al corpo non vengono accettate passivamente, da chi deve nascere. Chi è nel feto le deve scegliere, un po' come dovreste fare voi con i desideri: solo che lì stai discendendo, e non salendo.

«Quando voi salite verso i desideri il tempo non ha fine e non c'è più; invece quando si nasce il tempo sta cominciando ad avere una fine, a esserci, e ti porta giù, e devi decidere, sempre più in fretta.»

E la Forma, l'anima, quando comincia?

«Anche in quella stai entrando, lì. È durante la gestazione che cominci ad attraversare i reticoli, i fili degli altri io: e si è occupatissimi anche a cercare di scegliere, di deviare e di indirizzare le pressioni, per quanto è possibile. Devii le pressioni, piangi e scegli: è quello che voi chiamate *decidere il corso della propria vita,* quando parlate della reincarnazione.»

Ma non avevate detto che lo si decideva prima, con gli Spiriti guida?

«Con gli Spiriti guida delinei il disegno generale, ma lì cominci a realizzarlo; è lì che lo decidi davvero, da solo, e lì tutto può ancora cambiare, puoi anche allontanarti di molto dal disegno generale. Persino la madre, i genitori possono cambiare lì.»

E come, se si è già nel feto?

«Non è come pensi tu. Durante la gestazione lo Spirito e la materia non sono ancora uniti, e lo spazio e il tempo non sono ancora lo spazio e il tempo che avete voi. Così anche la scelta del luogo e del ventre può cambiare.

«Chi deve nascere ha una sua traiettoria, così l'avevamo chiamata, no? E questa traiettoria può deviare, durante tutto il tempo della gestazione. Si può abbandonare un feto e ricominciare da un'altra cellula appena fecondata: e allora chi nascerà, nascerà prematuro o nascerà più grande. O viceversa: si può entrare in un feto che un altro ha abbandonato, e allora chi nascerà sarà sempre molto, molto legato ai suoi genitori, e somiglierà loro pochissimo.

«Oppure la traiettoria si può scindere. Si può nascere da due, tre madri, e questi nati da uno Spirito solo e da madri diverse vivranno come veri gemelli, senza saperlo, e se avranno la fortuna di incontrarsi, nella vita, si ameranno intensissimamente, come nessun altro ama mai.»

Cioè, uno può nascere come due persone diverse?

«Anche di più. Due, tre. Tante cose sono possibili lì, nella nascita. Possibili e rapide, è un periodo vorticoso.»

4

«E tutto prende forma lì, anche la crescita successiva, che è il prolungarsi di tutte le pressioni e gli sforzi e le sofferenze di quel periodo. In genere, più uno soffre lì, e tanto più lunga e intensa è la sua vita.

«Anche le lotte e le fatiche che uno può incontrare nella sua vita sono tutte raffigurate e prefigurate lì: lì si preparano in te le forze per affrontarle, e queste forze producono poi le lotte e le fatiche negli anni della tua vita. È come nella parabola dei pani e dei pesci. "C'è qui un bambino che ha cinque pani d'orzo e due pesci", dice il nostro Giovanni (*Giovanni* 6, 9). Perciò dice: *un bambino,* perché lì sta parlando della nascita, di come si nasce. E i pani e i pesci bastano per una folla: così può succedere con ogni bambino che viene al mondo.»

5

E il parto?

«Com'è il parto? È terribile. Il corpo preme contro di te per tutto il tempo e poi alla fine comincia a premere *con* te, perché tu esca: è quando sei diventato interamente corpo anche tu, e cominci a fare quello che fanno i corpi, a premere. E lì sei disperato davvero, nel canale del parto.

«Ci vuole una forza enorme per scendervi, e ci metti tutto il dolore e la disperazione e il pianto del tempo che hai trascorso lì: questo ti dà la forza. E lì tutto finisce di modellarsi, nelle ultime pressioni fortissime, tocchi il limite di tutto ciò che potrai sopportare nella vita: e poi si è perfetti, si esce liberi.»

«Liberi!» sospira l'Austero, scettico.

«La libertà è la prima sensazione che si prova appena nati» continua il Dominante. «Quella è la conquista, e raffigura e prefigura tutte le conquiste, e la fine.»

Cioè anche la morte?

«Sì. Così tutte le volte che cercate di morire, cercate di tornare lì, a quella libertà e perfezione dei primi momenti dopo il parto, e quando morite davvero è come se correste incontro a quella sensazione, che già conoscete.

«La nascita poi non si ripete più in nessun modo, durante la vita. Voglio dire, non succede più nulla di simile. Non c'è una seconda nascita: visto da qui, il nascere di nuovo è il meno preciso dei paragoni che usa Gesù nei Vangeli. Si possono ripetere soltanto quei momenti immediatamente successivi al parto, i momenti della gioia di non aver più quelle pressioni così forti che c'erano nel ventre e poi nel canale. E non soltanto quando cercate la morte: anche altre volte nella vita ci si riavvicina a quei momenti, e ogni volta che si ripassa accanto a essi, nella memoria o nella propria Forma, si è saldi, buoni, amici di tutti. I grandi profeti sono sempre vicini a quei momenti, nella loro Forma, specialmente quando cominciano a capire il senso delle loro profezie, o dei loro insegnamenti: è lì che trovano la forza di capire, e in un modo o nell'altro parlano tutti di quei momenti, di quella libertà. Ma non c'è mai una seconda nascita, in una vita. Un uomo non riuscirebbe a sopportarlo.»

6

«Anche tanti di noi non ci riescono» dice l'Austero.

Cioè la gravidanza si interrompe?

«Se uno non ci riesce durante la gravidanza, la gravidanza si interrompe. Oppure uno sente di non riuscirci già prima, e allora non ci prova neanche. Ma se uno sa che deve nascere e non ci riesce, è molto inquieto, e rimane inquieto fino a che non trova la forza.»

Inquieto come?

«Sta per conto suo, parla poco, è cupo, ansioso. Fa continuamente delle prove con se stesso, per vedere a che punto è.»

Che prove?

«Ognuno ha le sue, e nessuno ne parla. Oppure succede anche che uno non voglia, e che cerchi di rimandare il più possibile il momento della nascita. Ma alla fine l'inquietudine diventa troppo forte, e deve decidersi per forza.»

E come si fa a sapere che è il momento di nascere: c'è qualcuno che lo stabilisce?

«Qualcuno?... No. Non penso che ci sia. I momenti per nascere arrivano ma a nessuno viene in mente di domandarsi da dove arrivino, o se arrivino da un qualcuno. Se c'è un qualcuno, non lo sappiamo: e se non lo sappiamo e non ce lo domandiamo noi, vuol dire che non c'è modo di saperlo.

È come per i temporali: voi vi domandate mai chi stabilisca l'orario dei lampi?

«Semplicemente si sa che a un certo momento deve succedere. Siamo qui per questo e prima o poi tocca a tutti. Così, uno sente quando tocca a lui.»

E tutto questo, perché?

«Perché cosa?»

Così, in generale, perché bisogna nascere?

Perché

1

«Perché bisogna nascere» dice il Dominante. «Ce n'è uno solo di perché, per tutte le cose, per il nascere, per il morire.

«Ed è la ragione per cui voi siete nel posto più scomodo dell'universo: siete lì per noi, per tutti. Come Gesù che secondo voi muore per tutti gli uomini. Perciò vi guardano tutti con tanto rispetto: gli animali, le cose, anche gli Angeli.»

Anche gli Angeli?

«Certo. Lì dove siete è come il lembo estremo di un continente che cresce nel vuoto: così è se lo immagini in termini di spazio. E noi popoliamo questo continente, tutto quanto, eccetto la Terra dove siete voi, e dove esistono ancora la morte, il male.»

Da voi non ci sono più la morte né il male?

«No, noi abbiamo desideri più forti dei vostri. C'erano queste cose, e non ci sono più. Lì ci sono, e quel margine di terra è tutti i margini, e tocca a voi, adesso.»

«Lì siete le nostre truppe da sbarco, diciamo così» aggiunge l'Austero.

Contro chi?

«No, contro nessuno» dice il Dominante. «Contro ciò che non c'è: non c'è nulla e nessuno lì. Puoi chiamarlo il caos; o la tenebra dove confina con la luce; o la morte dove confina con la vita. Lì si è. "E le tenebre ricoprivano l'abisso"... no? Proprio come all'inizio.»

2

«Lì, davanti a voi, il primo versetto della Bibbia non c'è ancora: "In principio creò *Elohim* il cielo e la Terra". Voi siete ancora al di qua dell'inizio, se immagini il vostro margine di terra in termini di tempo.»

Non capisco...

«E cosa c'è da capire in più? Voi siete al di qua dell'inizio. Lo sapete già profondissimamente, in fondo a voi stessi: perciò da sempre fate nascere i vostri Dèi nel cielo e i vostri Dèi vi mandano sulla Terra, nelle vostre storie di Dèi. Vi mandano a portar lì l'inizio, a spingerlo davanti a voi. Quello avete sempre davanti.»

Noi e dunque anche voi?

«Certo, voi e noi.

«Noi siamo lì proprio come voi, subito dietro di voi. Nasciamo lì, torniamo qui, tornate qui, e torniamo a nascere. È il compito nostro e vostro, finché anche quel lembo e quel passaggio non saranno diventati tutt'uno con il continente che è dietro a noi.»

Come se andassimo alla scoperta di questo lembo?

«Come *tutte* le scoperte. Tutte le scoperte, tutte le creazioni sono imitazioni inconsapevoli: e servono tutte a imitarvi *il momento che precede la scoperta e la creazione,* perché è lì che siamo.»

«E quel continente è la vostra Forma» dice la voce di bambina.

La Forma di tutti? Tutte le nostre anime insieme?

«No, la Forma di ciascuno. Ciò che voi chiamate anima e che ciascuno di voi può immaginare come la sua anima è al tempo stesso quel continente. Tra uno e tutto non c'è differenza. E tra uno di voi e tutti voi non c'è differenza.»

3

Per voi non c'è differenza, perché per voi non esistono i numeri?

«No, non c'è differenza e basta: né tra uno e tanti né tra uno e tutto.

«È come per Abramo. È sempre la stessa storia che si ripete, si ripete sempre, dall'inizio in avanti: l'inizio della storia di Abramo è proprio la storia del perché si nasce. Abramo non sa perché a un certo punto Dio gli dice di partire.

> Il Signore disse ad Abramo: «Vai, vai via dal tuo paese, dalla tua patria e dalla casa di tuo padre, verso il paese che Io ti dico. E farò di te un grande popolo».
>
> [*Genesi* 12, 1]

«Così succede a tutti: a noi è successo, a voi succede ora, a noi succederà ancora prima o poi. Quando nasci lasci tutto e vai, vai lontano in una terra straniera, per portare fin lì il paese, il continente di tutti. E ognuno è il grande popolo: lui e tutti gli io a lui legati, lui e noi, lui e tutti. E più va avanti e più cresce, e più scopre di essere questo grande popolo.»

E tutti noi siamo Abramo?

«Tutti. E lì noi siamo il vostro Aldilà e voi siete il nostro, e ciascuno guarda al suo Aldilà per trovare i suoi desideri. Capisci?»

«Noi guardiamo a voi, e voi a noi» soggiunge l'Austero.

«Così siamo e perciò nascete lì» continua il Dominante. «Voi portate lì il nostro desiderio, "il paese che Io ti dico", per compierlo, guardando verso di noi.»

4

«È così da sempre. Comincia tutto da questa cosa incompiuta, da questo lembo rimasto, affidato a noi quando ci hanno fatto uscire dall'Eden.

«E tutti i perché sono lì, in questa distanza tra qui e lì, che è l'unica distanza che esiste. E quella distanza sono tutte le distanze, in tutte le cose.»

E perché è toccato a noi, e non agli Angeli o...?

«O a Dio? Perché noi abitiamo qui sul confine, e tocca a noi colmarlo, questo abisso, a noi e a voi. Altre popolazioni nell'universo hanno altri confini, altre distanze da risolvere: anche Dio ha le sue distanze e i suoi margini, e anche gli Angeli hanno i loro margini e le loro distanze. Noi esistiamo per questa distanza, e amiamo questa.»

Cioè, noi e... – a un tratto mi sembra di aver capito – *cioè, anche Dio ha una parte di sé che è su un margine, e anche gli Angeli hanno una parte di loro che è su un altro margine: proprio come noi e voi? E noi siamo la parte che è sul margine?*

«Eh, sì.»

Rimango in silenzio per qualche minuto, pensandoci.

E quando sarà colmata questa distanza, come sarà?

«Se sarà colmata. Non è detto che ci si riesca.»

5

Se sarà colmata.

«Staremo insieme, come siamo qui, come eravamo qui prima che nasceste. Né nascita né morte: ci saranno, sì, il nascere e il morire, ma non sarà più come adesso.

«Impareremo il segreto delle pressioni del corpo, e impareremo a mutarle, nel nascere e nel morire. È il prossimo tabù, come lo chiamavi tu. L'albero della vita eterna.»

Non l'ha già abolito Gesù, quel tabù?

«Ha insegnato come si fa, ed era presto allora. Adesso potreste abolirlo in voi; questo è un momento molto buono. Qualche passo ancora, qualche passo ancora.»

Cioè, bisogna che lo aboliamo noi stessi, che ci accorgiamo che è già...

«Sì. È sempre la stessa cosa, la cosa più semplice: "così in terra come in cielo", lo dite quando pregate. Però basta adesso.»

E se noi riusciamo a colmare questa distanza, e Dio e gli Angeli non riescono a colmare le loro? Voglio dire, se noi ci riusciamo prima di loro...

«No, basta così» dice il Dominante, «lascia che cresca. Poi continuiamo. Era questo l'accordo.»

«Lascia che cresca, fin qui» conclude la voce di bambina.

NOTE AI CAPITOLI

Prima spiegazione

1. Noi, durante le ore di veglia, utilizziamo per lo più entrambi gli emisferi contemporaneamente, chi più chi meno: un brillante avvocato usa di più l'emisfero sinistro (ha una «dominanza sinistra», come si dice nel linguaggio specifico), un pittore usa di più l'emisfero destro («dominanza destra»). Il sistema più rapido per sapere quale dei due emisferi predomini in voi consiste nell'unire le palme delle mani, intrecciando le dita in modo che le punte delle dita di una mano tocchino il dorso dell'altra mano; guardate i pollici: se il pollice sinistro è sopra il destro, il vostro emisfero dominante è il destro; se il pollice destro è sopra il sinistro, l'emisfero dominante è il sinistro. Dalla disponibilità di un individuo ad assecondare la propria dominanza naturale dipende ovviamente e in larga misura il suo benessere: chi, per esempio, ha una dominanza destra e si sceglie una professione in cui occorrano le abilità dell'emisfero sinistro, avrà un'esistenza più o meno infelice, e frustrata; e così pure chi, con una spiccata dominanza sinistra, si sceglie una carriera artistica o comunque una professione che richieda creatività e intuizione.

2. Cioè non gli esperimenti extrasensoriali che includano l'ipnosi o comunque la perdita di coscienza totale del soggetto. La dinamica di queste percezioni è di un genere completamente diverso da quello trattato qui.

3. Pietro, nel seguito dell'episodio, è inoltre colui che *conta* i pesci pescati tanto prodigiosamente: «Simon Pietro salì nella barca e trasse a riva la rete, che era piena di centocinquantatré grossi pesci» (*Giovanni* 21, 11). Un analogo rapporto di cooperazione tra Pietro e «l'altro discepolo», si ritrova nel racconto giovanneo della Risurrezione: «Maria di Magdala [...] corse e andò da Simon Pietro e dall'altro discepolo, quello che Gesù amava, e disse loro: "Hanno portato via il Signore dal sepolcro e non sappiamo dove l'hanno messo!". Uscì allora Simon Pietro insieme all'altro discepolo, e andarono al sepolcro. Correvano insieme tutti e due, ma l'altro discepolo corse più veloce di Pietro e giunse per primo al sepolcro. Chinatosi, vide le bende per terra, ma non entrò. Giunse intanto anche Simon Pietro, che lo seguiva, ed entrò nel sepolcro e vide le bende per terra, e il sudario, che era posto sul capo di Gesù, e che ora non era per terra con le bende, ma piegato in luogo, di lato. Allora entrò anche l'altro discepolo, che era giunto per primo al sepolcro, e vide e credette» (*Giovanni* 20, 1-8). Di nuovo «l'altro discepolo» giunge per primo, e si fa da parte; e poco dopo è lui, a «vedere e a credere», mentre Pietro vede e constata soltanto.

Seguito del precedente

1. E a proposito di psicologia: una delle questioni che inevitabilmente interessa sia gli specialisti sia i profani è in quale misura questa dinamica psichica dell'ascolto degli Spiriti possa essere descritta come un'alterazione del normale funzionamento della mente, come una forma cioè, sia pure controllata, di *disordine mentale*. Uno psichiatra tradizionalista o anche un normalissimo benpensante potrebbero scorgere varie affinità tra questo aprirsi alla percezione (e in particolar modo tra l'abbandono del controllo, di cui si parla poco più avanti nel testo) e l'alterazione mentale – e un'ampia casistica di personalità disgregate che si dichiarano guidate o possedute da «voci» potrebbe venir addotta a conferma. E in generale: non è in qualche modo pericoloso manipolare così gli equilibri mentali? Non si rischia ogni volta di danneggiare o di smussare il nostro senso della realtà in alcune sue espressioni essenziali?

Certamente, tra le numerose vicende in cui ci si può venire a trovare nell'Aldilà – di là dal confine della memoria – vi sono elementi di avventura e di rischio, né più né meno che in qualsiasi viaggio nel nostro Aldiqua; ma sono rischi che si cominciano a incontrare soltanto molto in là, quando già ci si è impratichiti nei vari percorsi di quei territori.

Per quel che riguarda invece quella dinamica iniziale della comunicazione con gli Spiriti, non c'è alcuna parentela con il disordine psichico. Uno stato di sofferenza psichica, anche latente, *rende anzi impossibile tale comunicazione*: nelle persone sofferenti, l'esigenza di mantenere il controllo sulla propria vita psichica è sempre molto forte e tormentosa; tra il cedere temporaneamente e il *perdere* quel controllo esse non riescono ad avvertire alcuna differenza, e quando al loro emisfero destro capita di percepire qualche segnale, ne provano ripugnanza e panico, si sforzano di negare quelle percezioni e lottano contro di esse, proiettandovi immagini minacciose, volti non già d'un Maestro ma del Nemico, del Pericolo. Queste proiezioni – con tutta l'ansia di cui rapidamente si caricano – diventano ossessioni in loro, e niente, nella psiche, è più sordo e chiuso delle ossessioni.

Mentre, nella maggior parte delle persone cosiddette «normali», in coloro cioè che solitamente non si accorgono dei segnali che percepiscono durante i loro stati di rilassamento o di concentrazione, l'esigenza di mantenere quel controllo è solo un po' meno forte di quanto lo sia nelle persone che soffrono di disturbi psichici. E anche in loro questa esigenza ha aree e ombre di sofferenza, più o meno segrete. Mantenere il controllo della propria situazione psichica durante stati di rilassamento o di concentrazione è, nelle persone normali, *soltanto una forma più sottile di sofferenza psichica*. E alla maggior parte delle persone questa sofferenza piace, semplicemente perché a loro è familiare: la conoscono da sempre, e hanno paura a staccarsene. Nelle personalità più creative e ben strutturate, invece, si ha solitamente l'esatto contrario di tale chiusura e sordità. In costoro l'esigenza di mantenere un controllo sulle proprie percezioni «di destra» è in genere minima, o assai elastica, appunto perché troppo preziose sono per loro quelle percezioni-ispirazioni. Non per nulla, la nozione di Musa, di un essere spirituale, divino che *guida* l'artista nella sua opera, è uno dei più antichi miti della creatività, e non viene mai interpretato o avvertito, in età classica, in termini di sofferenza o dannosa alterazione della «normalità» psichica. (Naturalmente, in queste personalità creative tali percezioni non assumono mai, o assumono solo per iperbole, l'aspetto di consapevoli esperienze extrasensoriali: per esse, tutto il processo si svolge generalmente nel solo emisfero destro, senza quella trasformazione di ruoli che attiva l'immagine dello Spirito maestro. Perciò, in esse, la Musa rimane un *autentico* mito, cioè l'immagine di una realtà solamente intuita, e non scoperta ancora dalla ragione.)

2. Secondo alcuni ricercatori le esperienze agoniche – *Near Death Experiences* – modificano il campo elettromagnetico del cervello in modo da favorire, temporaneamente o stabilmente, le percezioni extrasensoriali. È un'ipotesi non ancora sufficientemente provata. Di sicuro, gli shock psicofisici favoriscono il ridursi delle resistenze ideologiche, e non di per sé, ma unicamente perché nella ricostituzione dell'equilibrio psichico, dopo uno shock, una perdita di sensi ecc., le connessioni tra gli elementi di cui si compone una resistenza ideologica (dipendenti di solito dall'emisfero sinistro) si ristabiliscono per ultime, dopo una fase più o meno lunga in cui si delineano solo le connessioni più semplici, e in cui l'orizzonte interiore è di conseguenza più sgombro, più ampio.

Un caso famoso di percezione spontanea delle voci degli Spiriti dopo un trauma psicofisico è quello della veggente Teodora Stepanova, che si accorse di *sentir parlare dentro* dopo un grave incidente d'auto e alcuni giorni di coma. Quando le percezioni incominciano così, è di solito molto forte il timore che si stia perdendo la ragione, appunto perché le voci impediscono il ristabilirsi di molte altre connessioni e resistenze a cui prima si era abituati. Questo timore può produrre crisi simili alla depressione, che cessano non appena il soggetto comincia a riconoscere l'esistenza di queste voci, senza timore, e non soltanto ad ascoltarle, ma a conversare con esse. Tale conversazione permette il ristabilirsi di connessioni nuove, in luogo di quelle abituali, e di ripristinare in forma nuova – e generalmente più interessante – l'attività psichica nel suo complesso.

Riguardo, invece, alle percezioni spontanee di voci senza né traumi né deliquio, vi descrivo un caso esemplare di cui sono venuto a conoscenza di recente: una mia cara amica, Daniela, che oggi è molto più brava di me nel comunicare con gli Spiriti, ha cominciato accorgendosi che il suo dito indice scriveva lettere sul cuscino, la sera, mentre lei stava per addormentarsi. Lettere dell'alfabeto in corsivo, lentamente, accuratamente, ogni sera; e la mia amica Daniela, a occhi aperti nel buio, seguiva le minuscole danze di quello scrivere, che chiamavano la sua attenzione, seguimi, seguimi, come se ogni tratto di quella calligrafia promettesse qualcosa. Una sera, Daniela ha provato a scrivere quelle lettere su un quaderno, con la penna: una *l*, poi una *o*, le lettere una accanto all'altra hanno formato parole, la prima parola è stata:

loro

la seconda è stata:

dicono

e, via via, le parole hanno formato frasi di senso compiuto, e da allora Daniela comunica per una mezz'ora ogni tanto – di notte, in genere – con quelli che anche lei chiama i suoi Maestri invisibili. Si rivolge mentalmente a loro, fa domande, e scrive le risposte che ascolta dentro di sé. Più volte i suoi Maestri invisibili l'hanno esortata a fare a meno della scrittura, e a conversare soltanto, perché, dicono, «scrivere è da timidi». Ma finora Daniela preferisce scrivere. Gli argomenti delle conversazioni sono i più vari: dalle indicazioni per uscire da vecchi traumi infantili a consigli sul posto migliore dove passare le vacanze o dove cercarsi una casa nuova, e non mancano consigli da trasmettere ad amici, anche a me qualche volta. E quei suoi Spiriti sono a quanto pare molto didattici davvero, nei loro consigli: c'è puntualmente un netto intento morale, che si annuncia di solito con le parole «bada, però...».

Un caso particolare (e celeberrimo anch'esso) nel quale il contatto avvenne con l'aiuto di una seconda persona fu quello del poeta irlandese W.B. Yeats, premio Nobel 1923, che per una ventina d'anni conversò con i suoi *Unknown Instructors* («Istruttori sconosciuti»), come narra nel suo libro *A vision* (tr. it. *Una visione,* Milano 1973).

> Il pomeriggio del 24 ottobre 1917, quattro giorni dopo che mi ero sposato, rimasi stupito nel vedere mia moglie che tentava la scrittura automatica. Ciò che veniva fuori in frasi staccate, in una scrittura quasi illeggibile, era così esaltante, a volte così profondo, che la convinsi a dedicare una o due ore ogni giorno all'ignoto scrittore, e dopo una mezza dozzina di queste ore mi offersi di passare il resto della mia vita a spiegare e a mettere insieme quelle frasi sparse. «No» fu la risposta, «noi siamo venuti a darti metafore per la poesia.»
>
> [*Una visione,* op. cit., pp. 18-19]

I casi di consapevoli conversazioni con gli Spiriti guida sembrano essere particolarmente frequenti tra scrittori e scienziati: C.G. Jung descrive dettagliatamente le proprie conversazioni con gli Spiriti nel volume autobiografico *Erinnerungen, Träume, Gedanken* (tr. it. *Sogni, ricordi, riflessioni,* Milano 1978, pp. 223 ss.); e di conversazioni con Spiriti guida, *daimones,* Maestri ecc. parlano anche Galsworthy, Kipling, Goethe...

3. La Rivelazione, l'*epiphaneia,* il *satori* sono accessibili a tutti, certamente. Come spiega il Vangelo di Giovanni: «Non sta forse scritto nella vostra Legge: "Io ho detto: voi siete Dèi?"». (*Giovanni* 10, 34; *Salmo* 81, 6)

4. Il Vecchio Sapiente è uno dei principali archetipi dell'io maschile, secondo Jung. Gli archetipi junghiani sono immagini che emergono dall'attività fantastica inconscia e che, pur non avendo alcun valore di realtà propriamente detta, possono avere per l'esperienza psichica un grande valore psicologico, come rappresentazioni di una realtà interiore fondamentale. Archetipi sono propriamente le immagini che presentano carattere arcaico e connessioni con noti motivi mitologici: si presentano con tale coerenza e uniformità, in individui del tutto diversi tra loro, da far ritenere che abbiano carattere non personale, ma collettivo, comune a tutto un popolo, o a più popoli, e a intere epoche. Tra questi, il Vecchio Sapiente appare appunto come l'archetipo della totalità dell'io (maschile), e del compromesso tra forze vitali e coscienza. Compare per lo più nei sogni, a raffigurare la saggezza e l'importanza che l'individuo vorrebbe avere di per sé, quando comincia a trovare insufficienti le autorità morali o spirituali tradizionali. È spesso fonte – nei sogni – di ispirazione, di entusiasmo, di intuizioni e comprensione.

L'ipotesi invece che le figure di Sapienti, che a volte compaiono nei sogni o nelle fantasie, siano compensazioni personificate di vecchi desideri insoddisfatti – e non abbiano dunque alcun carattere collettivo – è di marca più nettamente freudiana.

5. «Io sono la via, la verità, la vita. In verità, in verità vi dico: chi crede in me, lui pure compirà le opere che io compio e ne farà di più grandi, perché io conduco al Padre. E in quel giorno voi saprete che io sono nel Padre, e voi in me e io in voi. In quel giorno, non mi domandere-

te più nulla.» (*Giovanni* 14, 6.12.20; 16, 23). Quando Gesù dice «io», nei Vangeli, e soprattutto nel Vangelo di Giovanni, intende sempre due cose al contempo: se stesso, e insieme ciò che in ciascun uomo sa e può dire «io» nello stesso modo in cui Gesù lo dice; e la natura duplice di questo «io» è, nel Vangelo di Giovanni, il suo insegnamento più frequente e decisivo.

6. Lo si può applicare agevolmente sia ai casi di percezione spontanea più drammatici sia a quelli che avvengono senza traumi. Ogni risveglio dopo una perdita di sensi è in realtà un momento di esclusiva crescita laterale: chi riprende conoscenza percepisce dapprima ciò che ha intorno, e solo in un secondo tempo se stesso. Mentre le percezioni che avvengono durante gli stati di rilassamento, prima di addormentarsi ecc., costituiscono una sorta di quintessenza della nostra crescita laterale: un «allargarsi dei rami» verso il buio – della stanza e del sonno imminente – verso ciò che è tanto sottile da poter essere udito nel proprio silenzio. Nel caso di Yeats in particolare (v. p. 260) , è da notare come le conversazioni con gli «Istruttori sconosciuti» abbiano avuto inizio poco dopo un cambiamento di vita, il matrimonio, che indubbiamente è uno dei momenti canonici dell'«allargarsi dei rami» nella vita personale: è l'ingresso in una nuova dimensione dell'esistenza, che richiede un periodo di familiarizzazione con le diverse circostanze, un nuovo risveglio e adeguamento della crescita interiore a tutto quanto il nuovo che c'è, a un tratto, intorno. Non a caso, tra le condizioni in cui più di frequente si verificano le percezioni extrasensoriali in genere, viene indicato nelle recenti statistiche specialistiche anche l'innamoramento.

Equipaggiamenti

1. Mosè dice inoltre al Signore: «Mio Signore, io non sono un buon parlatore; non lo sono mai stato prima e neppure da quando tu hai cominciato a parlare al tuo servo, ma sono impacciato di bocca e di lingua» (*Esodo* 4, 10). Non è un semplice particolare biografico – nulla, in un testo sacro, è mai un semplice particolare biografico – bensì di nuovo un'indicazione per il lettore, che considerata alla luce della moderna neurologia risulta non meno sorprendente dell'episodio evangelico dell'apparizione sul lago di Tiberiade. Mosè fatica a verbalizzare, la sua dominanza cerebrale è nettamente a destra: lì ascolta, e ridire è fatica. Lo ritroveremo anche in Dante:

> Io non so ben ridir com'io v'entrai
>
> [*Inferno*, Canto I, v. 10]

2. W. GOETHE, *Faust*. Parte prima. Notte, vv. 358-359.

3. J.R.R. TOLKIEN, *Lo Hobbit. La riconquista del tesoro,* Mondadori, Milano 1986.

4. I. BELHAYES, *Spirit Guides,* ACS Publication, San Diego 1986.

L'immaginazione e l'eccesso di razionalità

1. Lo sciamanismo è quel sistema di credenze secondo cui la realtà umana è ovunque attorniata da mondi di invisibili forze spirituali, da vite e coscienze senza corpo, amiche o ostili, che lo sciamano – l'intermediario tra l'Aldiqua e l'Aldilà – impara a conoscere, a raggiungere e a controllare, spostandosi da una dimensione all'altra attraverso stati di trance e di estasi. In senso stretto, antropologico, lo sciamanismo è una religione diffusa nella Siberia centrale e nel Nord America: in queste aree, cioè, esso si è consolidato in strutture religiose istituzionali, e lo sciamano riveste un ben preciso ruolo sociale; ma *spiritus ubi vult spirat*: e sia come sistema di credenze e immagine del mondo, sia anche nel prezioso repertorio delle sue tecniche di *spostamento*, lo sciamanismo è di fatto una delle forme di pensiero spirituale e magico più diffuse in tutto il mondo e in tutte le epoche, sia per filiazione diretta sia per generazione spontanea, per quanto è possibile tracciare limiti tra l'una e l'altra forma di diffusione. E anche questo libro può essere tranquillamente considerato un breve corso di tecniche sciamaniche: la mappa, i rituali d'ingresso nell'Aldilà sono elementi sciamanici; ma è quell'immensa diffusione dello sciamanismo a rendere il termine «sciamanico» pressoché indifferente, in quest'ambito, non diversamente da come lo sarebbe definire la mappa e i rituali elementi magici.

Altre brevi istruzioni

1. L'antropologo protagonista dei romanzi di Carlos Castaneda elabora una sua particolare tecnica per prendere appunti durante le conversazioni con il suo maestro, il *sorcerer* Don Juan, che dal canto suo trova la cosa ridicola. E in realtà gli appunti di Carlito funzionano solo in parte: durante le lezioni principali, quelle appunto impartite nella dimensione della «seconda attenzione», lo sgomento e la perdita dei punti di riferimento consueti sono talmente forti da impedire ogni forma di registrazione. E a Carlito occorrono decenni di paziente lavoro interiore per ricostruire le cose apprese nella «seconda attenzione». Qualcosa di molto simile avviene anche nella pratica della conversazione con gli Spiriti, nella lenta, paziente scoperta delle chiavi di lettura dei resoconti delle conversazioni.

Ma è proibito?

1. Dalla *Genesi* 1, 25: il sesto giorno «Dio disse: La terra produca esseri viventi, ciascuno secondo la loro specie: bestiame, rettili e bestie selvatiche, secondo la loro specie. [...] Poi disse: Facciamo l'uomo a nostra immagine, a nostra somiglianza».

Secondo buona parte della moderna critica veterotestamentaria la doppia creazione degli animali (*Genesi* 1, 25 e 2, 19) sarebbe soltanto la conseguenza dell'inaccuratezza di coloro che definirono il testo del libro della *Genesi*: presunti «redattori» non si sarebbero accorti, cioè, che la creazione degli animali veniva narrata due volte nell'arco di due pagine, e in due modi diversi. È, questa, una delle strane, goffe ipotesi formulate dalla critica, e determinate soltanto da quell'inconsapevole ottundimento che il tabù biblico produce su coloro che lo subiscono senza accorgersene.

2. Nelle edizioni a noi consuete, questo passo viene tradotto: «Verso tuo marito sarà il tuo istinto, ed egli *ti dominerà*». Il verbo *MShL* significa sia «dominare» sia «raffigurare simbolicamente»; ma nel libro della *Genesi* è questo secondo significato a prevalere: lo stesso verbo viene infatti usato nel capitolo I, precisamente in questo secondo significato: «fece le due luci grandi, la luce maggiore a raffigurare (*memesheleth*) il giorno e la luce minore a raffigurare la notte» (*Genesi* 1, 16). Il testo biblico non ha dunque nulla a che vedere, nelle parole che Dio dice a *Aishà-Hewhà*, con l'idea che la donna debba essere dominata dal marito.

Dentro di noi dove?

1. La famosa «foglia di fico» comparve soltanto nelle traduzioni greche; in samaritano, in caldaico, in arabo, la traduzione di *thenah* è sempre «di tristezza», o «triste». Una spiegazione verosimile della comparsa di quel fogliame «di fico» è che l'albero in questione fosse – all'epoca delle traduzioni greche – l'albero *triste* per antonomasia, per via delle gocce che cadono dai suoi frutti maturi, come lacrime. Un po' come il salice piangente, a latitudini più settentrionali.

2. Il primo nome divino che compare nella Bibbia, *Elohim*, è il plurale del nome *Eloha*, composto dal pronome *El*, «Egli» – che è anche uno dei modi ebraici più consueti per indicare Dio – e dalla radice verbale *HWH*, che significa «essere». *Eloha*, tradotto letteralmente, significherebbe dunque «Egli-che-è», Colui-che-è; e questo significato diventa plurale in *Elohim*, a indicare l'insieme e la molteplicità di numerosi «Egli-che-è». *El*, all'inizio, resta tuttavia immutato, cioè singolare: la nozione di Dio che questo nome comunica è dunque quella di *un* Essere divino, *costituito da una molteplicità di esseri ed elementi*. È un singolare-plurale quanto mai avventuroso per la mente, ed è un'avventra, questa, che davvero non avremmo spazio di illustrare qui. Quanto alle dimensioni della componente plurale del nome *Elohim*, la storia delle religioni e la teologia offrono numerose possibilità: dalla Trinità cristiana, all'idea – oggi steineriana – che gli *Elohim* di cui parla la Bibbia siano stati sette (i sette *yomim*, i sette giorni-eoni della Creazione), fino all'idea khabbalistica che gli esseri e gli elementi costitutivi di Dio siano miriadi.

3. È il mito narrato da Platone all'inizio del Libro VII della *Repubblica*.

> Immagina la nostra condizione nel modo seguente. Pensa a uomini in una caverna, dotata di un'apertura verso l'alto, verso la luce. Essi vi stanno chiusi fin dall'infanzia, carichi di catene al collo, alle braccia e alle gambe, che li costringono a rimanere lì e a guardare soltanto in avanti, poiché le catene al collo impediscono di voltar la testa...
> «Che strana visione. E che strani prigionieri.»
> «Eppure sono simili a noi.»

Quei prigionieri vedono, di ciò che hanno alle spalle, soltanto le ombre proiettate sulla parete della caverna. Nel libro X della *Repubblica* il mito della caverna e l'idea che quei prigionieri siano «simili a noi» sono integrate da un esperimento paradossale:

> «Non lo sai che in qualche misura il creatore di tutto potresti essere tu stesso?»
> «E come?»
> «Non è difficile... Basta che tu prenda uno specchio e lo volga da ogni parte. E rapidamente creerai il sole e i corpi celesti, rapidamente creerai la Terra, rapidamente creerai te stesso e gli altri esseri viventi e gli oggetti e le piante, e tutto quanto si diceva.»
> «Sì, ma solo apparentemente»
> «Infatti.»

L'immagine dell'io che descrivo nel testo è in gran parte costruita, naturalmente, sulle implicazioni di questo mito, e di questo antichissimo esperimento.

La reincarnazione

1. *Ma è vero tutto questo?*

«Certo» dice il Dominante. «Secondo te che cos'è, il vero?»

Be', è quello che si pensa sia vero, e che è vero.

«Così sono solo parole. Mettici le immagini. Il vero per voi è una sfera. E una sfera potrà essere più o meno liscia, non potrà mai, mai avere la multiformità della superficie delle cose reali. E voi cercate continuamente il vero nelle superfici delle cose, invece di guardare le superfici così come sono. Capisci?»

SM.

«In compenso, la superficie di quella sfera che chiamate "vero" è trasparente, anche se voi non ve ne accorgete. E tutto ciò di cui voi dite "è vero" è come una sfera di cristallo in cui vedete, così come vedevano i maghi medievali nelle loro sfere di cristallo. Con la differenza che voi vedete soltanto, e non guardate.»

Allora ciò che voi dite che è vero, non è vero? Cioè, voglio dire...

«Mm, non fare lo zuccone. Che cosa vuol dire costruire una sfera? Chiuderla. Isolare quello che contiene. E questo, indipendentemente dal fatto che sia vera o no, è un'inutile perdita di tempo.

«È come se guardando un film tu fermassi la pellicola su un fotogramma e dicessi: "Questo fotogramma è un film?". Non lo è, perché il fotogramma è una fotografia immobile, mentre nel film le cose si muovono. E così è anche quando parli con noi: quello che noi diciamo è *sempre* reale, ma se tu fermi una frase e domandi se "è vero", non vedi più la realtà di quello che diciamo. Capisci, adesso?»

Io annuisco, e scrivo.

«È lo stesso motivo per cui anche tra voi, tra esseri umani, potete comunicare soltanto con le vostre storie.»

Cioè?

«Se voi ascoltaste soltanto le parole degli altri mettendo intorno a ogni parola una sfera, un *è vero,* non sentireste niente l'uno dell'altro. È soltanto attraverso le vostre storie che voi comunicate. L'anima è una storia, e le vostre storie sono modi di narrarla. E secondo te, che cosa è più reale: una storia, o il contenuto di una frase verissima? Oppure un verissimo nome?»

Una storia?

«Certamente. Così anche le storie degli io uniti al tuo io sono tanto reali quanto qualsiasi tua storia personale; ma che il vostro io sia congiunto adesso con altri io in altri mondi e in altre epoche è una cosa che non sarà mai vera per voi. Sarà sempre una finzione, una sfera.»

Se sono reali, allora si possono conoscere, queste altre storie?

«Sicuro. E si può anche intervenire in esse, direttamente. Si esce dalla porta in fondo al laboratorio e le si incontra. Ma non ora, è ancora presto per i lettori. Non riuscirebbero a capire di esserci andati, e qualsiasi cosa incontrassero là, si sperderebbe subito. Poi, poi, più avanti. La prossima volta. Quando si esce dal pozzo consapevolmente bisogna andarci molto piano.»

I desideri

1. *Com'è precisamente questa faccenda dei maghi neri?*

«Non sono necessariamente maghi, possono anche essere persone che non hanno mai praticato la magia e non sanno nemmeno cosa sia. Ma se imparano qualcosa riguardo all'Aldilà, l'imparano sempre e inevitabilmente in termini di magia nera, anche se non se ne accorgono. Sono freddi e astratti. Non c'è altro da sapere.»

E non desiderano mai niente?

«No. Possono immaginarsi di bruciare dal desiderio, ma non è mai vero, e per loro è tormentoso immaginarselo. Vivono dei desideri altrui.

«E una delle cose più tormentose per loro è che, a differenza di chiunque altro, quando credono di desiderare qualcosa non imparano niente, riguardo a se stessi, dal loro desiderio. Per forza: perché non è affatto un loro desiderio. Per gli altri invece i desideri sono continue scoperte.»

E perché i maghi neri vengono sempre sconfitti, nelle fiabe?

«Perché fanno molta pena.»

Le malattie e gli angeli

1. Questo l'avevo letto anche in alcuni testi di Steiner, e domandai ingenuamente al Dominante e agli altri se lo sapevano.

«Certo» mi rispose il Dominante, ridendo di me, «anche lui lo sapeva.» E scoppiai a ridere anch'io.

APPENDICI

Divina Commedia, Inferno, Canto I (vv. 1-63)

Dell'inizio della *Divina Commedia* si è parlato più volte, nel testo. Per comodità del lettore riporto qui il brano, con qualche commento riguardo alla mappa descritta da Dante.

Nel mezzo del cammin di nostra vita
mi ritrovai in una selva oscura,
ché la diritta via era smarrita.

È quello che oggi chiameremmo uno stato di trance leggera.

Ah quanto a dir qual era è cosa dura
esta selva selvaggia e aspra e forte
che nel pensier rinova la paura!
Tant'è amara che poco è più morte;
ma per trattar del ben ch'io vi trovai,
dirò de l'altre cose ch'io v'ho scorte.

Cioè: come e perché succedono queste cose non lo so – dice Dante – e mi turba un po' pensare che succedano. Ma ora vi dico com'è andata.

Io non so ben ridir com'io v'entrai,
tant'era pieno di sonno a quel punto
che la verace via abbandonai.
Ma poi ch'i' fui al piè d'un colle giunto,
là dove terminava quella valle
che m'avea di paura il cor compunto,

Vidi, cioè, quel mio percorso come una valle buia e spaventosa che arrivava fino al pendio di un colle.

guardai in alto, e vidi le sue spalle
vestite già de' raggi del pianeta
che mena dritto altrui per ogni calle.

Cioè: quello che nel nostro mondo consueto sarebbe il sole. Era come se splendesse il sole, lassù, ecc.

Allor fu la paura un poco queta,
che nel lago del cor m'era durata
la notte ch'io passai con tanta pièta.
E come quei che con lena affannata
uscito fuor del pelago a la riva,
si volge a l'acqua perigliosa e guata,
così l'animo mio, ch'ancor fuggiva,
si volse a retro a rimirar lo passo
che non lasciò già mai persona viva.

Capivo che stavo entrando nell'Aldilà.

Poi ch'èi posato un poco il corpo lasso,
ripresi via per la piaggia diserta,
sì che 'l piè fermo sempre era 'l più basso.

Feci una breve sosta, e poi mi avviai lungo il pendio; e avevo ben chiara la sensazione di camminare a mezza costa.

Ed ecco, quasi al cominciar de l'erta,
una lonza leggiera e presta molto,
che di pel maculato era coverta;
e non mi si partía dinanzi al vólto,
anzi impediva tanto il mio cammino,
ch'i' fui per ritornar più volte vòlto.

Lì vidi un primo Spirito, in forma di animale, una lince: e mi spingeva in una direzione – come se volesse precisamente che io proseguissi per di là.

Temp'era dal principio del mattino,
e 'l sol montava 'n su con quelle stelle
ch'eran con lui, quando l'amor divino
mosse di prima quelle cose belle;
sì ch'a bene sperar m'era cagione
di quella fiera a la gaietta pelle
l'ora del tempo e la dolce stagione;
ma non sì che paura non mi desse
la vista che m'apparve d'un leone.

Poi un altro Spirito, ancora in forma di animale.

Questi parea che contra me venesse
con la test'alta e con rabbiosa fame,
sì che parea che l'aere ne temesse.
Ed una lupa, che di tutte brame
sembiava carca ne la sua magrezza,
e molte genti fe' già viver grame.
Questa mi porse tanto di gravezza
con la paura ch'uscìa di sua vista,
ch'io perdei la speranza de l'altezza.

E ancora un altro animale. E mi spingevano giù, e io, che non capivo, avevo sempre più paura – perché mi pareva che se non fossi andato verso l'alto, sarei stato perduto.

E qual è quei che volontieri acquista,
e giugne 'l tempo che perder lo face,
che 'n tutt'i suoi pensier piange e s'attrista;
tal mi fece la bestia senza pace,
che, venendomi incontro, a poco a poco
mi ripigneva là dove 'l sol tace.

Di nuovo giù, appunto – dove tutto ciò che da noi è sotto il sole non parla più nella sua lingua consueta. E lì incontrai e cominciai ad ascoltare il mio Spirito guida, uno Spirito in forma umana, indistinto. Infatti...

Mentre ch'i' ruinava in basso loco,
dinanzi a li occhi mi si fu offerto
chi per lungo silenzio parea fioco...

Eccetera

Genesi

Quella che qui segue è una traduzione letterale dei passi della *Genesi* citati nel testo; trattandosi di una traduzione letterale di un testo ebraico antico, la prosa è tutt'altro che scorrevole: procede lenta, tesa, seguendo strutture mentali molto diverse dalle nostre attuali. Il lettore, per comprenderla, deve aprirvisi la strada, e occorre tempo; d'altronde, non è nulla di urgente. Accanto alla traduzione letterale, riporto una delle traduzioni consuete, «tabuizzate», dall'edizione C.E.I., Città del Vaticano 1992.

CAPITOLO I
Il sesto giorno

24. L'Elohim disse: «La terra produca un [tipo d'] anima vitale che sia ciascuna secondo la sua specie: gli animali quadrupedi, che si muovono-e-vivono d'una vita terrestre, ciascuno secondo la sua specie». E così avvenne.

24. Dio disse: «La terra produca esseri viventi secondo la loro specie: bestiame, rettili e bestie selvatiche, secondo la loro specie». E così avvenne.

25. L'Elohim fece gli animali della Terra ciascuno secondo la sua specie, i quadrupedi ciascuno secondo la sua specie, tutto quanto il movimento vitale dell'*adamàh*,* in ciascuno secondo la sua specie. E l'Elohim vide che era una cosa buona.

25. Dio fece le bestie selvatiche secondo la loro specie e il bestiame secondo la propria specie e tutti i rettili del suolo secondo la loro specie. E Dio vide che era cosa buona.

26. Poi l'Elohim disse: «Facciamo l'adàm nella nostra ombra, che sia simile a noi, e terrà lo scettro sui pesci del mare e sugli uccelli del cielo, sugli animali quadrupedi, su tutti gli animali della Terra, e su tutta la vita che si muove sulla Terra».

26. E Dio disse: «Facciamo l'uomo a nostra immagine, a nostra somiglianza, e domini sui pesci del mare e sugli uccelli del cielo, sul bestiame, su tutte le bestie selvatiche e su tutti i rettili che strisciano sulla terra».

27. L'Elohim creò l'adàm a sua immagine. A immagine degli Elohim li creò, maschio e femmina li creò...

27. Dio creò l'uomo a sua immagine; a immagine di Dio lo creò, maschio e femmina li creò.

CAPITOLO II
Nel Giardino dell'Eden

8. E Yhawhé Elohim tracciò una recinzione (*gan*) nel tempo presente (*eden*) dell'eternità, e vi pose quell'adàm che aveva plasmato.

[...]

8. Poi il Signore Dio piantò un giardino in Eden, a oriente, e vi collocò l'uomo che aveva plasmato.

[...]

* La parola *adamàh* [l'adamità] è formata dalla radice DM che contiene – in geroglifico – l'idea di *aggregazione*, di *omogeneità*, e dalla lettera *aleph*, che è il geroglifico della *stabilità*. Etimologicamente e letteralmente, *adamàh* significa dunque «ciò che è formato da un'aggregazione di parti diverse, ed è stabile, durevole». È l'insieme dei *corpi* fisici e spirituali degli esseri viventi. Mentre adàm è il medesimo concetto applicato agli esseri umani: l'umanità.

15. Yhawhé Elohim prese dunque quell'adàm, e lo lasciò nella recinzione del tempo presente, perché l'adàm la elaborasse e la sorvegliasse con cura.

16. E Yhawhé Elohim stabilì e disse per l'adàm: «Di ogni sostanza che cresce in questa recinzione tu puoi nutrirti.

17. Ma del crescere della conoscenza del bene e del male non ti nutrirai tu, perché se [nel giorno che] ne mangerai, tu morirai.

18. E Yhawhé Elohim disse: «Non è bene che l'adàm sia solo, gli farò un aiuto che rifletta la sua luce».

19. E Yhawhé Elohim formò dall'*adamàh* varie vite di natura terrestre e varie speci di volatili dei cieli, e li conduceva all'adàm, perché assegnasse loro il nome; e qualsiasi nome l'adàm avesse assegnato a essi, quel nome sarebbe stato [il nome dell'] anima vitale adeguata a loro.

20. E l'adàm aveva nomi assegnati a tutta la moltitudine dei quadrupedi e degli uccelli del cielo, a tutti gli animali terrestri; ma l'adàm non vedeva nessuno di quegli aiuti che riflettevano la sua luce.

15. Il Signore Dio prese l'uomo e lo pose nel giardino di Eden, perché lo coltivasse e lo custodisse.

16. Il Signore Dio diede questo comando all'uomo: «Tu potrai mangiare di tutti gli alberi del giardino,

17. ma dell'albero della conoscenza del bene e del male non devi mangiare, perché, quando tu ne mangiassi, certamente moriresti».

18. Poi il Signore Dio disse: «Non è bene che l'uomo sia solo; gli voglio fare un aiuto che gli sia simile».

19. Allora il Signore Dio plasmò del suolo ogni sorta di bestie selvatiche e tutti gli uccelli del cielo e li condusse all'uomo, per vedere come li avrebbe chiamati: in qualunque modo l'uomo avesse chiamato ognuno di quegli esseri viventi, quello doveva essere il suo nome.

20. Così l'uomo impose nomi a tutto il bestiame, a tutti gli uccelli del cielo e a tutte le bestie selvatiche, ma l'uomo non trovò un aiuto che gli fosse simile.

21. Allora Yhawhé Elohim fece scendere un torpore sull'adàm, che si addormentò: e spezzò uno dei suoi involucri e rivestì con cura, con la forma e la bellezza di un corpo, la fragilità di esso.

21. Allora il Signore Dio fece scendere un torpore sull'uomo, che si addormentò; gli tolse una delle costole e rinchiuse la carne al suo posto.

22. E Yhawhé Elohim ricostituì la sostanza dell'involucro che aveva spezzato dall'adàm, per farne Aishà, e la condusse all'adàm.

22. Il Signore Dio plasmò con la costola, che aveva tolta all'uomo, una donna e la condusse all'uomo.

23. E disse l'adàm: «Questa è sostanza della mia sostanza, e forma della mia forma» e le diede il nome di Aishà, perché dall'aìsh era stata tolta.

23. Allora l'uomo disse: «Questa volta essa è carne della mia carne, e osso delle mie ossa. La si chiamerà donna perché dall'uomo è stata tolta»

24. Perciò l'aìsh lascerà il padre e la madre e diventerà tutt'uno con la sua Aishà, e saranno una cosa sola nella forma esteriore.

24. Per questo l'uomo abbandonderà suo padre e sua madre e si unirà a sua moglie e i due saranno una sola carne.

25. E l'adàm e l'Aishà erano completamente nudi, e non vi era nulla in loro che fosse nascosto.

25. Ora tutti e due erano nudi, l'uomo e sua moglie, ma non ne provavano vergogna.

CAPITOLO III

1. Il Serpente era come la veemenza, tra quegli animali della natura che Yhawhé Elohim aveva fatto: e disse all'Aishà: «Perché l'Elohim vi ha detto di non nutrirvi di tutta la sostanza della recinzione?».

1. Il serpente era la più astuta di tutte le bestie selvatiche fatte dal Signore Dio. Egli disse alla donna: «È vero che Dio ha detto: Non dovete mangiare di nessun albero del giardino?».

2. E l'Aishà disse al Serpente: «Della sostanza dei frutti della recinzione possiamo nutrirci,

3. ma del frutto della sostanza che è al centro della recinzione l'Elohim ha detto: "Non potrete mangiarne, e non potete aspirarvi con la vostra anima, per paura [perché avete paura] che vi faccia morire"».

4. E il Serpente disse all'Aishà: «Non vi farà morire

5.. perché l'Elohim sa che nel giorno in cui ne mangerete i vostri occhi si apriranno, e voi sarete come l'Elohim, nella conoscenza del bene del male».

6. E l'Aishà considerò che quella sostanza era buona per il gusto, e desiderabile per gli occhi, e piacevole come nessun'altra, per l'intelligenza; e prese del suo frutto e ne mangiò, e ne diede all'aìsh che era unito a lei, ed egli ne mangiò.

7. E si aprirono i loro occhi, e seppero di essere nudi, e fecero crescere un'ombra di tristezza [che li nascose] l'uno dall'altra; così essi si fecero gli abiti per il viaggio.

2. Rispose la donna al serpente: «Dei frutti degli alberi del giardino noi possiamo mangiare,

3. ma del frutto dell'albero che sta in mezzo al giardino Dio ha detto: «Non ne dovete mangiare e non lo dovete toccare, altrimenti morirete».

4. Ma il serpente disse alla donna: «Non morirete affatto!

5. Anzi, Dio sa che, quando voi ne mangiaste, si aprirebbero i vostri occhi e diventereste come Dio, conoscendo il bene e il male».

6. Allora la donna vide che l'albero era buono da mangiare, gradito agli occhi e desiderabile per acquistare saggezza; prese dal suo frutto e ne mangiò, poi ne diede anche al marito, che era con lei, e anch'egli ne mangiò.

7. Allora si aprirono gli occhi di tutti e due e si accorsero di essere nudi; intrecciarono foglie di fico e se ne fecero cinture.

8. E udirono la voce di Yhawhé Elohim che veniva nella recinzione con la brezza della luce del giorno; e l'adàm e la sua Aishà erano nascosti dinanzi al volto di Yhawhé Elohim, al centro della sostanza della recinzione.

9. E Yhawhé Elohim pronunciò il nome dell'adàm, e gli disse: «Dove sei?».

10. Ed egli disse: «Questa tua voce io l'ho udita soltanto, nella recinzione, io ho saputo che sono nudo, io sono nascosto».

11. Ed Egli disse: «Chi ti ha insegnato che sei così nudo? Di certo quella sostanza di cui ti avevo detto che tu non ne avresti mangiato».

12. E l'adàm disse: «L'Aishà che mi hai dato come compagna mi ha dato questa sostanza, e io ne ho mangiato».

13. E Yhawhé Elohim disse all'Aishà: «Perché l'hai fatto?». E l'Aishà disse: «Il Serpente mi ha fatta confondere, e io ne ho mangiato».

8. Poi udirono il Signore Dio che passeggiava nel giardino alla brezza del giorno e l'uomo con sua moglie si nascosero dal Signore Dio, in mezzo agli alberi del giardino.

9. Ma il Signore Dio chiamò l'uomo e gli disse: «Dove sei?».

10. Rispose: «Ho udito il tuo passo nel giardino: ho avuto paura, perché sono nudo, e mi sono nascosto».

11. Riprese: «Chi ti ha fatto sapere che eri nudo? Hai forse mangiato i frutti dell'albero di cui ti avevo comandato di non mangiare?».

12. Rispose l'uomo: «La donna che tu mi hai posta accanto mi ha dato dell'albero e io ne ho mangiato».

13. Il Signore Dio disse alla donna: «Che hai fatto?». Rispose la donna: «Il serpente mi ha ingannata e io ho mangiato».

14. E Yhawhé Elohim disse al Serpente: «Poiché tu hai fatto questo, che tu sia maledetto in tutto il regno animale e in tutta la vita della natura. Secondo la tua tortuosità, tu agirai solo in basso e ti nutrirai della parte-soffiata-via [dei vapori, delle illusioni] della fisicità, per tutti i giorni della tua esistenza.

14. Allora il Signore Dio disse al serpente: «Poiché tu hai fatto questo, sii tu maledetto più di tutto il bestiame e più di tutte le bestie selvatiche; sul tuo ventre camminerai e polvere mangerai per tutti i giorni della tua vita.

15. E io porrò un'avversione profonda tra te e l'Aishà, tra la tua discendenza e la sua discendenza: essa premerà sul tuo principio, e tu premerai sul suo calcagno».

15. Io porrò inimicizia tra te e la donna, tra la tua stirpe e la sua stirpe: questa ti schiaccerà la testa e tu le insidierai il calcagno».

16. All'Aishà disse: «Io moltiplicherò il numero di tutti i tuoi ostacoli, e dei tuoi concepimenti-concezioni: con dolori angosciosi tu genererai le tue creazioni; e verso il tuo àish sarà il tuo desiderio, ed egli si raffigurerà in te».

16. Alla donna disse: «Moltiplicherò i tuoi dolori e le tue gravidanze, con dolore partorirai figli. Verso tuo marito sarà il tuo istinto, ma egli ti dominerà».

17. E all'adàm disse: «Poiché hai dato ascolto alla voce della tua Aishà e ti sei nutrito di questa sostanza di cui ti avevo detto che non saresti stato tu a nutrirtene, maledetta sarà per te l'*adamàh*: con angosciosi dolori tu ti nutrirai di essa in tutti i giorni delle tue vite.

17. All'uomo disse: «Poiché hai ascoltato la voce di tua moglie e hai mangiato dell'albero di cui ti avevo comandato: "Non ne devi mangiare", maledetto sia il suolo per causa tua! Con dolore ne trarrai il cibo per tutti i giorni della tua vita.

18. E prodotti che pungono e prodotti incolti e disordinati germineranno in abbondanza per te, e ti nutrirai dei frutti acri e disseccati della natura.	18. Spine e cardi produrrà per te e mangerai l'erba campestre.
19. In una perenne agitazione della tua mente tu ti nutrirai di questo cibo, fino a restituirti-reintegrarti alla *adamàh*, dalla quale sei stato tratto, perché tu ne sei parte-soffiata-via [vapore, illusione] e a ciò che ne è parte-soffiata-via devi tornare.	19. Con il sudore del tuo volto mangerai il pane; finché tornerai alla terra, perché da essa sei stato tratto: polvere tu sei e polvere tornerai!».
20. E l'adàm dette all'Aishà il nome di Hewhà, perché essa fu la madre di ogni esistenza.	20. L'uomo chiamò la moglie Eva, perché essa fu madre di tutti i viventi.
21. E Yhawhé Elohim fece all'adàm e alla sua Aishà delle forme corporee, per proteggerli, e in esse li avvolse con cura.	21. Il Signore Dio fece all'uomo e alla donna tuniche di pelli e li vestì.
22 E Yhawhé Elohim disse: «Ecco, l'adàm è diventato come uno di noi [Elohim] per la conoscenza del bene e del male», e allora, per timore che stendesse ancora la mano e prendesse anche (il frutto) della sostanza delle vite, e ne mangiasse e vivesse in eterno,	22. Il Signore Dio disse allora: «Ecco, l'uomo è diventato come uno di noi, per la conoscenza del bene e del male. Ora, che egli non stenda più la mano e non prenda anche dell'albero della vita, ne mangi e viva sempre!».
23. Yhawhé Elohim lo separò da quella recinzione del tempo presente, perché lavorasse invece quella adamàh dalla quale era stato preso.	23. Il Signore Dio lo scacciò dal giardino di Eden, perché lavorasse il suolo da dove era stato tratto.

24. E allontanò l'adàm, e pose dinanzi al tempo anteriore, dinanzi alla recinzione del presente, i *Kheruvim* e la fiamma incandescente dell'ardore devastante, che turbina sempre su se medesima, per custodire la via che conduce alla sostanza delle vite.*

24. Scacciò l'uomo e pose a oriente del giardino di Eden i cherubini e la fiamma della spada folgorante, per custodire la via all'albero della vita.

* Una traduzione fondamentale del testo originale dei primi dieci capitoli della *Genesi* (dalla quale ho in gran parte attinto) si trova in: Fabre d'Olivet, *La Langue hebraïque restituée,* Parigi 1828; ried. *L'Age d'Homme,* Losanna 1989.

Indice

«I maestri invisibili»
di Igor Sibaldi
Oscar nuovi misteri
Arnoldo Mondadori Editore

Questo volume è stato stampato
presso ELCOGRAF S.p.A.
Stabilimento - Cles (TN)
Stampato in Italia - Printed in Italy